我们一起解决问题

高校毕业生求职应聘一本通

秦大雨——著

人民邮电出版社
北京

第3章　如何打造个人简历

第4章　用技巧轻松应对网申

第5章 备战笔试，学习技巧更重要

第6章 面试环节是高校毕业生拿到录用通知的重中之重

第7章 高校毕业生求职的必知事项

第 1 章

锁定适合自己的工作

当前高校毕业生就业形势不容乐观

2021—2023 年，我国高校应届毕业生的统计数量分别为 909 万人、1076 万人和 1158 万人。由此可见，当前高校毕业生就业市场竞争的激烈程度。

高校毕业生就业市场主要有以下 3 个特征。

（1）就业市场竞争激烈

当前我国就业市场竞争激烈，高校毕业生数量持续增加，而岗位供应相对有限，尤其是高薪岗位。

（2）需求结构转变

随着经济结构的调整和技术发展，某些传统行业的岗位需求减少，而新兴行业和技术相关领域的岗位需求在增加。

（3）就业选择多样化

与过去相比，现在的高校毕业生更加重视个人发展、职业规划和工作环境，对就业单位了有更高的要求。

具体而言，常见的高校毕业生就业方向有以下 7 种。

（1）央国企

央国企通常是由政府控股或直接管理的大型企业。这些企业存在于各个行业，如能源、通信、银行、交通等。高校毕业生入职央国企后，可以获得相对稳定的工作环境和较好的福利待遇。

（2）互联网企业

随着互联网的迅猛发展，互联网企业成了高校毕业生求职应聘的热门选项。这些企业包括互联网技术、电子商务、在线媒体等，为高校毕业生提供了创新的工作环境和较高的薪资水平。

（3）金融企业

金融企业是指专门提供金融服务的公司或组织，包括银行、保险、证券、投资管理、信贷和支付等。对于高校毕业生来说，进入金融企业是一个很有吸引力的选择，金融企业可以为同学们提供广阔的职业发展前景。

（4）公务员

公务员是指在政府机关、事业单位或公共机构承担行政管理、执法监督等职责的工作人员的统称。公务员招录通常通过笔试和面试进行，这类工作相对稳定，具有较好的福利和职业发展机会。

（5）军队文职

军队文职是指军队中非军事职能的工作，如行政管理、人力资源、财务、科研等。这类工作相对稳定，高校毕业生需要通过相关的招聘考试程序才能入职。

（6）外企和跨国公司

许多外企和跨国公司在我国设有分支机构，提供了很多职业机会。这些外企和跨国公司注重员工培训和职业发展，并提供了具备较强竞争力的薪酬和福利待遇。

（7）初创企业和创业公司

对于有创业意向或对创新型工作感兴趣的高校毕业生而言，加入初创企业或创业公司也是一个不错的选择。这些企业虽然有较高的风险和不确定性，但是为高校毕业生提供了创造性的工作机会。

适合进入央国企的高校毕业生通常具有以下特点。

（1）专业背景和知识

央国企存在于能源、交通、通信、金融等各个领域。具备相关的专业背景和知识是高校毕业生进入央国企的重要条件。例如，如果你对能源行业感兴趣，拥有工程或能源经济学背景就有一定的优势。

（2）优秀的学术成绩

央国企通常对高校毕业生的学术成绩有较高的要求。优秀的学术成绩可以体现你的学习能力、逻辑思维和解决问题的能力。

（3）实习和项目经验

央国企也非常看重高校毕业生的实习和项目经验。通过参与相关行业的实习或参与和央国企有关的项目，你可以展现自己对行业的理解和实践能力。

（4）良好的沟通和团队合作能力

具备娴熟的沟通技巧和良好的团队合作精神，能够与不同背景和职能的人合作，这些特质对于希望进入央国企的高校毕业生非常重要。

（5）对国家发展和公共事务感兴趣

央国企对国家发展和公共事务有高度的敏感性和责任感。如果你对国家的发展方向、公共政策及央国企的使命和责任感兴趣，那么进入央国企可能更符合你的职业目标。

适合进入互联网企业的高校毕业生通常具有以下特点。

（1）技术背景和技能

互联网企业通常对技术人才的要求很高。如果你具备计算机科学、软件工程、数据分析等相关领域的技术背景，并且能够做到非常精通，那么进入互联网企业会有一定的优势。

（2）创新思维和创业精神

互联网企业追求创新和变革，对具备创新思维和创业精神的高校毕业生非常有吸引力。如果你对新的想法和解决问题的方式充满热情，乐于接受挑战并愿意尝试新的方法，那么你很适合进入互联网企业。

（3）数据分析和商业洞察力

互联网企业的决策和运营通常依赖于数据驱动。具备数据分析能力和商业洞察力，能够从数据中提取有价值的信息并将其应用于业务决策和优化的人才，将会在互联网企业中很有竞争力。

（4）快速学习和适应能力

互联网行业的变化非常迅速，新技术和新趋势不断涌现。高校毕业生需要具备快速学习和适应的能力，能够跟上行业的发展和变化，并具备自主学习的能力。

（5）团队合作和沟通能力

互联网企业通常具有多元化和跨职能的团队合作环境。具备良好的团队合作和沟通能力的人，能够与不同背景和专业的人合作，共同推动项目落地。

适合进入公务员系统和事业编制单位的高校毕业生通常具有以下特点。

（1）学习成绩优异

公务员系统和事业编制单位通常对学习成绩有较高的要求，因此优秀的学习成绩是入职的一大优势。

（2）法律、行政管理等相关专业背景

拥有法律、行政管理等相关专业背景的高校毕业生更容易理解和掌握这些专业领域的知识。

（3）细致耐心的工作态度和较强的综合素质

公务员系统和事业编制单位需要处理各种文件，因此有求职意向的高校毕业生应具备细致耐心的工作态度，以及较强的综合素质。

适合进入金融企业的高校毕业生通常具有以下特点。

（1）金融相关专业背景

拥有金融、经济学等相关领域的专业背景，将有助于从业者理解金融产品和金融市场。

（2）分析能力和风险管理意识

金融企业需要应对复杂的市场情况，因此从业者应具备较强的分析能力和风险管理意识。

（3）团队合作和沟通能力

金融企业通常需要与客户合作，因此从业者必须具备良好的团队合作和沟通能力。

适合进入外企的高校毕业生通常具有以下特点。

（1）英语能力

外企通常将英语作为工作语言。因此，良好的英语听、说、读、写能力对于从业者与国际团队或客户的沟通至关重要。

（2）跨文化交流能力

外企会拥有不同文化背景的人员。因此，从业者应该具备良好的跨文化交流能力，能够尊重和理解不同文化的差异。

（3）创新和适应能力

外企通常具有灵活和创新的工作环境。因此，具备适应变化和创新的能力将有助于从业者在外企中获得职业成功。

适合报考军队文职工作的高校毕业生通常具有以下特点。

（1）爱国热情和责任感

军队文职工作与国家安全和国防直接相关，这就要求从业者要具有爱国之心和社会责任感。

（2）组织协调能力

军队文职人员需要处理各种行政事务和组织工作，因此具备良好的组织协调能力是必要的。

（3）忠诚和保密意识

军队文职人员需要保守军事机密，因此忠诚、具备保密意识是从业者必须具备的重要素质。

对于高校毕业生而言，除了就业，创业也是一个可行的选择。创业具有一定的优势和机会，也存在一定的困难及阻碍，如创业者缺乏经验和知识储备、资金有限、缺乏对行业和市场的了解、缺乏资源和合作伙伴、压力大和不稳定性、缺乏信誉和认可度等。怀揣创业梦的高校毕业生可以考虑采取折中的办法——加入一家初创公司，与公司共同成长。加入初创公司的高校毕业生需要具有以下 3 个能力特征。

（1）创新思维和创业精神

初创公司需要从业者具备创新思维和创业精神，勇于面对挑战和不确定性。

（2）多领域能力

初创公司通常需要从业者灵活应对各种任务，具备多领域的能力和知识将有助于高校毕业生适应不同的工作需求。

（3）快速学习和适应能力

初创公司的发展很快，高校毕业生需要具备快速学习和适应的能力，能够灵活应对变化和挑战。

需要注意的是，不同类型企业的特点和文化可能会有所不同，高校毕业生在选择就业方向时还需要考虑具体的企业背景、发展前景、地域因素等。此外，个人的职业发展目标和价值观也是决定就业方向的重要因素。

▌毕业后想进心仪企业，高考志愿要这样报

对于高校毕业生的就业方向和未来职业发展，高考具有重要的影响。如果你想在未来心仪的企业中尽情展示自己，那就要先迈过高考这个重要门槛。

高考成绩好，毕业院校优秀，就像你在舞台上跳得又高又远，给企业的 HR 们留下了深刻的印象。他们会想，这位同学成绩这么出色，一定很努力，能够在我司这个激烈的舞台上拼搏。所以，毕业院校就是你在心仪企业面试的"闪光点"，能够让你脱颖而出、拿下心仪的职位。但是，毕业后能否进入心仪企业，还要看你的综合素质和实际能力。高考成功只是第一步，后面还有很多考验等着你。你需要有扎实的专业知识，掌握一些实践技能，还要具备良好的团队合作能力和沟通能力。

如果你的高考成绩不理想，又想进入心仪的企业，就需要

科学填报高考志愿。你要明确自己到底想进入什么行业，过怎样的生活；是希望拥抱更多的不确定性、获得一份薪酬水平高的互联网行业或金融行业的录用通知，还是希望能够抓住进入体制的机会，在相对稳定的工作环境中实现职业晋升？高考是我国教育系统中最重要的考试之一，科学报考不仅决定了你能否进入理想的大学，还在一定程度上决定了你的就业机会和未来的职业发展方向。在这里，对于想在毕业后进入央国企、互联网行业、金融行业、外企、公务员系统和事业编制单位的同学，笔者给出了具体的报考建议。

（1）进入央国企的高考志愿填报策略

现在，越来越多的同学趋向于毕业后能够进入央国企，所以在高考志愿填报时选择能够进入央国企的专业是一个重要的策略。不同的专业背景和技能在央国企招聘中会有不同的优势。为了帮助同学们在高考志愿填报时做出选择，笔者提供了以下专业方向和相关建议。

▶ 管理类专业

管理类专业如工商管理、人力资源管理、市场营销等在央国企中非常受欢迎，这些专业培养学生的管理和组织能力，使其具备在央国企中担任管理岗位的潜力。管理类专业的学生可以学习组织行为、市场分析、决策制定等实用的管理技能，这对于他们在央国企中的职业发展非常有帮助。

▶ 金融与会计类专业

央国企通常需要处理大量的财务数据并进行资金管理，因此会吸纳大量金融与会计类专业如会计学、财务管理等的毕业生。这些专业培养学生的财务分析、风险管理和会计技能，使他们能够在央国企中胜任财务管理和审计等岗位。

▶ 工程类专业

央国企在能源、交通、通信等领域扮演着重要角色，因此工程类专业如电气工程、机械工程、通信工程等的毕业生进入央国企工作是有优势的。这些专业培养学生的科学和工程技能，使他们具备在央国企从事工程项目管理和技术研发等方面的能力。

▶ 公共事务类专业

央国企涉及许多与公共事务相关的领域，如能源、环境、交通规划等。因此，公共事务类专业如公共管理、环境科学与工程、交通规划等的高校毕业生向央国企应聘是有利的。这些专业培养学生的公共政策理解、环境保护和社会管理等能力，使他们能够在央国企的公共事务部门发挥作用。

▶ 信息技术类专业

随着信息技术的迅猛发展，央国企对信息技术专业人才的需求量也越来越大。信息技术类专业如计算机科学与技术、软件工程等培养学生的计算机编程、系统开发和网络安全等技能，使他们具备在央国企从事信息系统管理和技术支持的能力。

此外，法学、外语、传媒等专业的高校毕业生也有机会在央国企中找到合适的岗位，这取决于具体的岗位需求和个人兴趣。重要的是，同学们在选择专业时要考虑自己的兴趣、优势和职业发展目标。虽然特定专业可能在央国企中有一定的就业优势，但求职成功与个人的能力、努力和发展潜力是密切相关的。

（2）进入互联网企业的高考志愿填报策略

大部分毕业时选择进入互联网企业的同学，都是基于互联网行业的发展前景、创新机会、工作环境、薪酬待遇、技术经验积累及社会影响力的考量。如果你向往阿里巴巴、腾讯、字节跳动等互联网企业，那么在选择专业时可以参考以下建议。

▶ 计算机科学与技术

这是与互联网行业最直接相关的专业之一，涵盖了计算机编程、算法设计、系统开发等方面的知识，需要同学们对软件开发、网站建设和互联网技术有较深入的学习和理解。

▶ 软件工程

软件工程专业侧重于软件开发和项目管理，主要培养学生开发高质量软件产品的能力，非常适合互联网企业的软件开发岗位。

▶ 数据科学与大数据技术

随着互联网时代的到来，数据分析和处理成了互联网企业的一项重要工作。数据科学与大数据技术专业培养学生对数据的处理、挖掘和分析能力，能够支持互联网企业的数据驱动决策和业务发展。

▶ 电子商务

电子商务专业涉及互联网营销、电子商务平台开发、供应链管理等方面的知识，适合想从事互联网销售、电商运营等工作的毕业生。

▶ 传媒与传播

传媒与传播专业涉及网络媒体、社交媒体、数字营销等领域，培养学生对媒体传播方式和互联网内容创作的相关能力，适合从事互联网内容创作和社交媒体运营等岗位。

此外，互联网企业对跨学科的人才也有需求，如设计类专业（包括交互设计、视觉传达设计）、市场营销与策划、人工智能、人机交互等。重要的是，同学们要选择符合自己兴趣和优势的专业，并且在大学期间积极参与和互联网行业相关的实践活动，提升自己的工作技能和竞争力。

（3）进入金融企业的高考志愿填报策略

基于金融行业的职业发展机会、薪酬待遇、行业声誉、挑战与成长空间、全球化机会及对实践应用的需求考量，同学们如果在毕业后想加入四大国有银行、中金公司、中信证券等金融企业，就可以在填报志愿时报考以下专业。

▶ 金融学

金融学专业涵盖了金融市场、投资管理、金融工程等方面的知识，需要同学们深入学习和理解金融机制和金融产品等。

▶ 会计学

会计学专业培养学生对财务管理和财务报表分析的能力，对于金融机构和金融市场的财务管理和风险评估具有重要意义。

▶ 经济学

经济学专业涵盖了宏观经济和微观经济的知识，对于理解经济环境和金融市场的运行具有重要作用。

▶ 金融工程

金融工程专业培养学生对金融工具的设计、风险管理和金融模型的应用能力，适合从事金融产品创新和金融风险管理等工作。

▶ 数学与统计学

数学和统计学专业涵盖了丰富的数学和统计学知识，对于金融数据分析、风险评估和金融建模具有重要意义。

▶ 金融工商管理

金融工商管理专业培养学生对金融市场运行规律的理解能力和对金融机构的管理能力，这个专业的高校毕业生适合从事金融企业的管理和运营工作。

此外，金融行业对于跨学科的人才也有需求，如信息技术、数据科学、市场营销与策划等。重要的是，同学们在大学期间要积极参与和金融行业相关的实践活动，以提升自己在就业时的竞争力。同时，笔者建议同学们关注金融行业的最新动态和趋势，不断地学习和更新相关知识，以适应行业的发展和变化。

总之，同学们应根据自身兴趣、优势和职业目标选择相关专业，并注重相关学科的学习和综合素质的培养。此外，积极参与实践活动，积累实践经验，不断提升自己的综合能力，将有助于高校毕业生在竞争激烈的就业市场中获得更好的机会。

（4）进入外企的高考志愿填报策略

大学生毕业时选择进入外企，大多是基于国际化视野、职业发展机会、多元化的文化环境、先进的管理经验和薪酬待遇等方面的考量。想在毕业后进入外企工作的同学们可以考虑以下专业。

▶ 国际贸易与经济学

这个专业涵盖了国际贸易、国际经济合作和国际商务等领域的知识，对于了解国际市场和跨国企业的运作具有重要意义。

▶ 国际商务与管理

国际商务与管理专业培养学生的跨文化沟通能力、国际市场开拓能力和全球商务管理能力，这个专业的毕业生适合在跨国企业中从事市场营销、国际业务拓展等工作。

▶ 外语专业

掌握一门或多门外语对于进入外企是一项重要优势，特别是英语、西班牙语、法语、德语等国际商务常用语种。

▶ 国际关系与政治学

这个专业涉及国际关系、国际政治和国际法等领域，对于了解国际政治经济环境和全球事务有一定的帮助。

▶ 跨文化管理

跨文化管理专业注重培养学生的跨文化沟通和管理能力，毕业生适合在跨国企业中从事人力资源管理等工作。

▶ 信息科技与计算机科学

外企通常倚重信息技术和数字化创新，具备相关技术背景的人才在外企的 IT 部门或数字化业务领域有较好的就业机会。

此外，外企还注重人际交往能力、团队合作精神、创新能力等软技能。因此，同学们在大学期间应该培养综合素质和跨学科能力，重要的是积极参与和外企相关的实践活动、交流项目及实习经历，拓展自己的国际视野、语言能力和职业竞争力；同时了解外企的行业特点、企业文化和招聘要求，通过自我提升，使自己更符合外企的需求和期望。

（5）进入公务员系统和事业编制单位的高考志愿填报策略

想在毕业后进入公务员系统和事业编制单位工作的同学们可以考虑以下专业。

▶ 政治学与行政管理

这个专业涉及政治理论、行政管理原理、公共政策等内容，对于了解政府机构和公共管理有很大的帮助。

▶ 公共管理与公共事务

公共管理与公共事务专业培养学生具备公共政策制定、公共项目管理和公共事务处理等能力，毕业生适合从事政府部门和公共机构的工作。

▶ 法学

法学专业对于了解法律法规、法律制度及法律实务非常重要，毕业生在任职与法律相关的岗位时具有一定的优势。

▶ 经济学

经济学专业能够培养学生具备经济分析和政策制定的能力，对于高校毕业生从事与经济政策相关的工作有一定的帮助。

▶ 社会学与人口学

社会学与人口学专业可以培养学生对社会问题、社会变迁和人口统计等方面的理解和分析能力，毕业生适合从事社会管理等工作。

▶ 外交学和国际关系

外交学和国际关系专业注重培养学生的国际事务和外交策略能力，对于毕业生任职涉外事务和国际合作的岗位有一定的优势。

此外，公务员考试对综合素质和综合能力也有一定的要求，如政策理解能力、文字表达能力、组织协调能力等。因此，同学们在大学期间要注重培养与公务员考试相关的知识和技能，有针对性地进行备考，提高自己的竞争力。

高考失利，考研是一场重要的翻身仗

很多同学都会有这样一个问题：为什么本科生应届就业或

研究生应届就业更容易找到好工作呢？这里就不得不提到一个词——应届生身份。对于求职就业的毕业生来说，应届生身份是很重要的。在这里，笔者为同学们介绍应届生身份的重要性。

（1）简化招聘流程

企业通常有针对应届生的招聘计划，不仅招聘流程简化，还会为应届生提供更多的岗位和机会，这就意味着你作为应届生更容易进入心仪的企业。

（2）岗位匹配度高

企业的应届生招聘计划通常会针对特定的岗位需求进行安排。因此，应届生更有可能匹配到与自己专业相关的岗位，获得更好的职业发展机会。

（3）具备培养潜力

企业对应届生会寄予更多的期望，希望能够通过培养年轻人才来满足长期发展需求。这为应届生提供了更多的成长空间和职业晋升机会。

所以，如果高考考得不理想，那么通过考研重新获得应届生身份，以此进入心仪企业是一种非常可行的路径。这样做的优势在于以下两方面。

（1）重新获取应届生身份

考研期间，你可以重新获得应届生身份。这意味着你在研究生毕业后就可以享受应届生的就业优势，增加进入心仪企业的机会。

（2）提升综合竞争力

通过考研，你可以在专业知识、研究能力及学历上有所提升，这将为你在进入心仪的企业时增加竞争力，获得更多的发展机会。

需要注意的是，虽然通过考研重新获得应届生身份可以增加进入心仪企业的竞争力，但这并不是唯一的选择。在选择考研之前，你需要综合考虑个人情况、专业发展和职业目标。如果你对考研有充分的准备并对研究生学习有浓厚的兴趣，那么考研重新获取应届生身份是一个可行的选择。但是，如果你对研究生学习没有浓厚的兴趣或没有足够的准备，那么你更应该珍惜本科毕业时的应届生身份，把握进入心仪企业的机会。

对于想要考研的同学们来说，专业和院校都是需要考虑的重要因素。下面以央国企为例进行说明。

专业将直接决定你未来的职业发展方向。央国企通常有各种各样的业务领域，如能源、交通、通信、金融等。你在选择专业时，一方面需要考虑自己的兴趣、能力和未来发展趋势，另一方面要研究央国企的需求和行业趋势。选择与央国企相关的专业将使你具备更多与工作相关的知识和技能，增加你在央国企就业的竞争力。通过了解央国企的发展方向和人才需求，你可以选择与其需要的领域相关的专业。例如，央国企在可持续能源领域有大量的项目和发展计划，那么选择与能源相关的专业可能会增加你的就业机会。

院校的声誉和知名度在求职中通常是一个重要的因素。在央国企招聘中，知名院校往往受到更多的关注和青睐，因为这些院校通常有更好的师资力量、更严谨的教学质量和更多的资源支持。此外，一些院校与央国企有合作关系，可能会为学生提供更多的实习和就业机会。然而，院校的声誉并不是唯一的决定因素。在向央国企求职应聘的过程中，你的个人能力和实践经验同样重要。如果你能在非知名院校中获得优秀的成绩，积极参与实践活动并积累相关的工作经验，那么你仍然可以在央国企中找到就业机会。

关于考研准备和报考，笔者在这里给同学们一些建议。

（1）确定目标

明确目标将帮助你制定明确的计划并保持动力。

（2）制定学习计划

根据考研大纲制定详细的学习计划；将整个复习过程分解为小的、可管理的任务，并为每个任务设定截止日期。

（3）资料准备

获取与考试相关的教材、参考书和模拟试题。笔者建议选择正规出版社出版的教材，并参加一些权威机构的模拟考试。

（4）注重基础知识

复习时要注重巩固基础知识。掌握基本概念和理论，并通过多做题和解决实际问题来加深理解。

（5）做题训练

做大量的练习题，有助于提高解题能力和时间管理技巧。尝试做一些历年真题和模拟试卷，评估自己的水平并找出薄弱点。

（6）寻求辅导

如果需要，可以参加一些考研辅导班或找有经验的老师进行辅导。他们可以帮助你更好地理解知识点。

（7）坚持练习和复习

考研准备是一个长期的过程，你可以每天设定一定的时间进行练习和复习，并定期回顾已学的知识。

在考研的准备和报考阶段，同学们还需要注意以下6个要求。

（1）了解报考要求

在报考之前，仔细研究报考条件、报名时间、考试科目和其他相关信息，确保自己符合所需的条件，并了解所有的要求。

（2）提前准备材料

准备好所有申请材料，如学历证明、成绩单、身份证等，确保所有材料的准确性和完整性。

（3）多选几所学校

考虑报考多所学校，包括一些知名的高校和与央国企有合作关系的学校。这样可以增加你的录取机会，并拥有更多选择。

（4）注意报名时间

把握好报名的时间，关注相关的通知和公告，确保在截止日期之前完成报名并提交所有的材料。

（5）准备面试

如果你通过初试并获得了面试机会，准备面试是至关重要的。这时你需要准备自我介绍、常见面试问题和案例分析。

（6）保持积极的态度

填报志愿和考研的过程可能会有挑战与压力，但保持积极的心态和信心是非常重要的。相信自己的能力，努力为自己创造更多机会。

如果高考失利，考研就是一场重要的翻身仗。通过考研，你可以重新评估自己的学术能力和潜力，更好地展示自己的实力，重新获得拓宽职业发展路径、促进个人成长和自我实现的机会。

利用 MBTI 模型科学定位与自己匹配的工作

迈尔斯·布里格斯性格分类指标（Myers-Briggs Type Indicator，MBTI）是一种用于描述人格特质的工具，它将个体的人格分为不同的类型，每种类型都有独特的特征和倾向。利用 MBTI 模型科学定位与自己匹配的工作，可以帮助你更好地了解自己的特点和优势，并找到适合自己的职业方向。那么，如何利用 MBTI 模型定位与自己匹配的工作呢？

（1）了解 MBTI 类型

你需要了解 MBTI 模型中的 16 种人格类型，以及每种类型的特点和倾向。通过完成 MBTI 测试或阅读相关资料，你可以对自己的人格类型形成初步的认识。每种人格类型都具有不同的偏好，如内向与外向、感觉与直觉、思考与情感、判断与知觉等。

（2）识别个人偏好

通过了解 MBTI 类型，你可以开始识别自己的个人偏好，思考自己在不同情境下的行为方式、决策方式和沟通方式。例如，你是更注重细节，还是更注重整体？更喜欢与人交流，还是独立思考？这些偏好可以帮助你了解自己在工作中的优势和劣势。

（3）确定职业倾向

你根据自己的 MBTI 类型和个人偏好，思考自己对哪种类型的职业感兴趣。例如，如果你是注重细节、有组织能力的人，就可能适合从事项目管理或行政管理等职业；如果你是富有创造力、善于观察的人，也许可以考虑设计师或市场营销等职业。通过与自己的 MBTI 类型相关的职业倾向相匹配，你就可以找到适合自己的好工作。

（4）研究企业文化和价值观

每家企业都有自己独特的文化和价值观，这对于同学们选择适合自己的工作也是很重要的。同学们在求职时要研究企业的官方网站、新闻报道和员工评论，了解企业的工作环境、组织结构、文化和价值观。不同的企业适合 MBTI 中不同类型的人。例如，有些央国企注重稳定性和组织性，适合注重规则和秩序的人；而有些互联网企业则更加灵活和创新，适合更开放和有创造性的人。

（5）寻求职业咨询和建议

如果你仍然感到困惑，不确定如何利用 MBTI 模型定位自己匹配的工作，那就可以寻求职业咨询和建议。专业的职业咨询师可以帮助你解读 MBTI 结果，并提供适合你个人类型和偏好的职业建议。他们可以帮助你探索不同的职业路径，了解职业发展的机会和挑战。

MBTI 模型共有 16 种不同的人格类型，每种类型都由 4 个维度的偏好组合而成。下面是对每种 MBTI 类型的简要解释及职业适应性建议。

（1）ISTJ（检查员）

- 性格特点：踏实可靠、有责任感、注重细节、组织能力强。
- 适合的工作类型：会计、审计师、法务人员、项目经理等。

（2）ISFJ（保护者）

- 性格特点：关心他人、负责任、耐心、细致。

强的实力和影响力。

▶ 南方电网公司

南方电网公司是我国南方地区的电力输配企业，负责广东、广西、云南、贵州、海南、四川、重庆等地区的电力传输和配送。南方电网公司提供了丰富的岗位和职业发展机会。

▶ 华能集团

华能集团是我国的大型能源集团，涉及电力发电、煤炭开采等领域，在电力电网行业具有一定的影响力和市场份额。

▶ 国家能源集团

国家能源集团是我国能源行业的重要企业集团之一，涉及电力、煤炭、石油等领域，在电力电网行业有着广泛的业务和发展机会。

除了以上几家知名企业，还有很多地方性的电力电网公司和电力设备制造企业也值得同学们考虑。在选择企业时，高校毕业生可以根据个人的兴趣、发展需求、地域等因素进行综合考虑，同时关注行业动态、招聘信息和就业形势，选择具备良好发展前景和发展空间的企业。

（3）电力电网类企业的应聘技巧

高校毕业生在应聘电力电网类企业的岗位时，有以下应聘技巧可以参考。

▶ 深入了解电力电网行业

高校毕业生在应聘前，要对电力电网行业有充分的了解，包括行业的发展动态、技术趋势、政策法规等方面的知识。这有助于展示你对行业的热情和专业水平。

▶ 强调相关技能和经验

电力电网行业需要从业者掌握一定的技术和专业知识，如电力系统运行、设备维护、安全管理等。高校毕业生应在简历和面试中突出自己的相关技能和经验，展示自己的能力和适应性。

▶ 了解岗位要求

不同的电力电网岗位有不同的要求，包括技术技能、管理能力、团队合作等。高校毕业生在准备应聘时，要仔细阅读招聘信息，了解岗位要求，有针对性地准备相关的知识和经验表述。

▶ 关注行业热点和挑战

电力电网行业面临着一些热点和挑战，如智能电网、可再生能源接入等。高校毕业生在面试中，可以展示自己对行业热点问题的理解和应对能力，表达自己对行业发展的关注和思考。

▶ 准备面试案例

在面试中，同学们通常会被要求举例说明自己的能力和经验。所以，高校毕业生应准备一些与电力电网相关的案例，如解决复杂问题、协调团队合作等，以便在面试中能够充分展示自己的能力。

历年的电力电网类企业的笔试、面试题目会根据不同企业和岗位而有所不同。在这里，笔者对历年的真题进行了总结，其考察内容主要集中在以下 5 个方面。

- 电力系统基础知识，包括电力传输、变电站运行、设备维护等方面。
- 电力行业政策和法规，包括电力行业的相关政策、法规和标准，如电力规划、安全生产等。
- 技术应用与解决方案，针对电力电网的实际问题，要求分析、设计和提出解决方案。
- 面试案例分析，提供一个场景或情境，要求应聘者分析问题，并提出适当的解决方案或决策。
- 个人素质与能力评估，评估应聘者的团队合作能力、沟通能力、领导能力等。

笔者建议同学们在应聘前向目标公司或在招聘网站上了解更多的相关信息，以便更好地应对笔试和面试。在这里，笔者提供一些常见的面试问题和可能的笔试题型（以国家电网公司为例），以帮助同学们更好地准备面试和笔试。

（4）面试问题

- 请介绍一下自己的背景和经验，以及为什么想加入国家电网公司？
- 你对电力电网行业有什么了解？请谈一谈你对该行业未来发展的看法。

▶ 5G 技术的商用化

三大运营商将继续推动 5G 技术的商用化，为各行各业提供更快速、更稳定的网络连接，推动数字经济的发展。这将为运营商带来新的商机和市场份额。

▶ 多元化业务发展

除了传统的通信服务，三大运营商也在不断拓展多元化的业务，如互联网服务、云计算、物联网、数字支付等。这些新兴业务领域的发展为应聘者提供了更多的就业机会和发展空间。

（2）高校毕业生应聘三大运营商的技巧

高校毕业生通过官方招聘网站、招聘平台和求职网站、企业宣讲会和招聘活动、专业社交网络和行业协会等，可以获取关于三大运营商的招聘信息、岗位要求，准备应聘材料，并参与招聘活动和面试。此外，同学们还可以与已经在这些企业工作的人员交流，了解他们的经验和建议，进一步提升自己的竞争力。在这里，笔者总结了一些应聘三大运营商的技巧，希望对同学们的求职有所帮助。

▶ 深入了解运营商

同学们在应聘之前，要对三大运营商的发展战略、业务模式、产品和服务有充分的了解。掌握行业的最新动态、技术趋势和政策法规，有助于展现你对行业的热情和专业水平。

▶ 强调与通信行业相关的技能和知识

运营商对技术和专业知识的要求较高，同学们在简历和面试中应突出自己在通信、电子、计算机等相关领域的成绩和项目经验，以及掌握的技术技能和行业知识。

▶ 注重沟通和团队合作能力

运营商注重团队合作和客户服务，同学们在面试中应强调自己的沟通能力、人际关系管理能力和团队合作精神，举例说明自己是如何与团队合作、解决问题的，并取得成果。

▶ 提前准备面试的常见问题

面试时可能会提到关于个人经历、职业目标及行业认知等方面的问题，同学们应提前准备相应的答复，可以增强自信并展现自己的专业素质和能力。

对于三大运营商而言，不同的岗位和不同的企业可能会有不同的面试与笔试要求。因此，笔者建议同学们仔细阅读招聘信息，并根据具体要求做好准备。在这里，笔者提供一些常见的面试问题和可能的笔试题型，以帮助同学们更好地准备面试和笔试。

（3）面试问题

· 介绍一下你自己。

· 你为什么想加入我们公司。

· 你认为在通信行业中最重要的技能是什么？

· 描述你在团队中解决问题的一次经历。

· 你如何处理工作中的压力和紧急情况？

· 你对 5G 技术的了解和看法是什么？

- 请分享一个你在工作中遇到的挑战，并说明你是如何应对的。
- 你在过去的工作中最自豪的成就是什么？
- 如何与用户进行有效的沟通并解决问题？
- 你对未来通信行业的发展有什么预期？

这些问题旨在了解同学们的个人背景、专业技能、团队合作能力、解决问题的能力，以及对行业发展的了解和思考。在准备面试时，同学们可以基于这些问题进行自我反思，并准备相关的案例和答案来展示自己的能力。

（4）笔试问题

- 专业知识与技能，包括与通信、电信、网络等相关的专业知识和技能题目，考察应聘者对该领域的理解和掌握程度。
- 逻辑推理与数学能力，包括常见的逻辑推理、数学运算、数据分析等题目，考察应聘者的逻辑思维和分析能力。
- 英语能力，包括英语阅读理解、语法和词汇题目，考察应聘者的英语水平和交流能力。

科研院所的发展前景及应聘技巧

科研院所是以科学研究为主要职责的机构，致力于推动科

学的发展和创新。根据研究领域和组织性质的不同，科研院所
可以分为以下几类。

- 国家级科研院所：由国家直接管理或委托管理的科研机
  构，如中国科学院、中国工程院等。
- 高校科研机构：隶属于高等学校的科研机构，如大学的研
  究所、实验室等。
- 行业科研院所：从事特定行业科学研究的机构，如军工科
  研院所、医药研究院等。
- 企业科研中心：由企业设立的科研机构，主要从事与企业
  业务相关的研究和创新。

（1）科研院所的发展前景

科研院所的发展前景广阔，对于科学技术的进步和社会发
展起着重要的推动作用。随着科技创新的加速和国家对科研的
重视，科研院所在各领域的研究成果对社会经济发展、国家安
全和人民福祉都有着重要的贡献。因此，对于有科研兴趣和追
求创新的人士来说，科研院所提供了丰富的就业机会和广阔的
职业发展前景。下面对国家级科研院所和行业科研院所分别进
行展开介绍。

中国科学院和中国工程院是我国的两个国家级科学院，它
们下设的研究机构和实验室提供了丰富的就业机会。以下是笔
者认为值得加入的一些机构。

▶ 中国科学院研究所

中国科学院下辖多个研究所，如中国科学院物理研究所、化学研究所、计算技术研究所等。这些研究所涵盖了广泛的科学研究领域，如物理学、化学、生物学、地学、信息技术等。

▶ 中国科学院大学

作为中国科学院的研究生教育机构，中国科学院大学为研究生提供优质的学术研究环境和培养机会。

▶ 国家天文台

国家天文台是从事天文学和天体物理学研究的机构，负责推动天文科学的发展和天体观测。

▶ 国家生物信息中心

国家生物信息中心致力于生物信息学和基因组学的研究，提供生物信息学数据资源和技术支持。

▶ 中国科学院计算机网络信息中心

中国科学院计算机网络信息中心负责管理和运营中国科学院的计算机网络及信息系统，为科学研究和学术交流提供支持。

▶ 中国科学院软件研究所

中国科学院软件研究所专注于软件科学与工程的研究，开展软件技术研发和应用创新。

▶ 中国科学院自动化研究所

中国科学院自动化研究所从事自动化科学与技术的研究和应用，涉及人工智能、机器人、自动化控制等领域。

▶ 中国工程院院士企业

中国工程院的院士们在工程科技领域有着丰富的经验和技术实力，他们可能创办或参与了各种高科技企业，这些企业在工程技术创新和产业发展方面具有重要地位。

中国科学院和中国工程院下属的研究机构与企业众多，每个机构的特点和职业发展机会有所不同。高校毕业生应根据自身的研究方向和兴趣，详细了解不同的机构，选择与自己的专业背景和职业发展目标相符的企业或研究机构。

行业科研院所涵盖了多个领域，包括军工、医药、能源、航天等。以下是一些值得高校毕业生加入的企业和机构。

▶ 军工科研院所

中国航空工业集团有限公司负责开展军工科研和生产，涵盖了航空、航天、国防等领域；中国船舶重工集团公司专注于海洋工程、造船、海军装备等军工领域；中国兵器工业集团有限公司从事武器装备、军工技术研究和生产。

▶ 医药研究院所

中国医学科学院基础医学研究所、中国医学科学院药物研究所等致力于医学科研和药物研发；中国食品药品检定研究院等负责药品和食品安全的检验与研究，提供技术支持和监督。

▶ 能源研究院所

中国核工业集团公司从事核能科研、核电站建设和核技术应用；中国石油化工集团公司从事能源研究和生产，涵盖了石油、化工、能源领域。

行业科研院所和企业众多，每个机构的特点和职业发展机会有所不同。同学们应根据自身的专业背景、兴趣和发展目标，详细了解不同的机构，选择与自己的背景和目标相符的企业或研究机构。同时，可以通过参加相关行业的学术会议、招聘会、科研论坛等活动，与从业者交流和建立联系，获取更多的信息和机会。

（2）科研院所的应聘技巧

和三大运营商一样，高校毕业生在应聘科研院所时需要掌握一些应聘技巧。以下是笔者总结归纳的科研院所应聘技巧，希望对同学们求职时有所帮助。

▶ 了解研究领域

科研院所通常侧重于某个特定领域的研究，同学们应该了解该领域的最新动态、研究方向和研究热点，展现自己对该领域的兴趣。

▶ 提升科研能力

科研院所注重研究能力和创新能力，同学们应具备扎实的学科基础知识，掌握科学研究的方法和技巧，并有相关科研项目或实习经验。

▶ 发表论文和成果

科研院所对科研成果的重视程度较高，同学们可以通过发表论文、参与科研项目等方式，展示自己在学术和研究方面的能力及成就。

▶ 学术交流与合作

积极参与学术交流会议、学术报告和研讨会等活动，与学者建立联系，展示自己在学术界的活跃度及合作能力。

▶ 面试准备

同学们在面试时应对研究领域和自己的研究经历做好准备，回答问题时要清晰、简洁，展示自己的学术思维和解决问题的能力。

同学们在准备笔试和面试的过程中需要参考相关领域的学术资料，了解该领域的研究趋势和技术要求；多与科研院所的在职人员或相关行业从业者交流，了解他们的经验和建议。最重要的是保持学术热情和学习态度，不断提升自己的科研能力和创新思维，争取在科研院所的应聘者中脱颖而出。在这里，笔者提供一些航空航天企业常见的面试问题和可能的笔试题型，以帮助同学们更好地准备面试和笔试。同学们可以据此举一反三，思考面对其他科研院所的面试和笔试时应该如何应答。

（3）面试问题

· 请简要介绍你的研究方向或工作经历，以及与航空航天行业相关的项目或成果。

· 请谈一谈你对航空航天行业的看法，以及你为什么希望加入我们公司。

- 请分享你在团队合作中的一次成功经验，以及你如何面对其中的挑战。

- 如果你在项目中遇到技术难题，你会如何解决和克服？

- 请描述一次你面对紧急情况时的应对经验，以及你如何保持冷静并做出正确的决策。

- 你认为在航空航天领域最具挑战的技术问题是什么？你对解决这些问题有什么想法或建议？

- 你在个人发展方面有哪些长期目标和规划？你如何看待个人与团队的平衡？

（4）笔试问题

- 飞行器设计：设计一个新型飞行器的机翼结构，考虑到减重、刚度和气动性能等因素。

- 飞行器控制：请解释 PID 控制器的工作原理，并在给定的飞行器控制场景下设计一个合适的 PID 控制器。

- 航空材料：介绍几种常用的航空材料及其特性，并选择合适的材料用于特定飞行器组件的设计。

- 航空航天领域知识：请解释超音速飞行和超声速飞行的区别，并讨论在超音速飞行中可能遇到的挑战。

- 航空航天法规：简要介绍航空航天行业的国际标准和法规，以及它们对航空器设计和运营的影响。

互联网企业的发展前景及应聘技巧

常见的互联网企业包括阿里巴巴、腾讯、百度、京东、字节跳动、美团、滴滴出行、网易等。随着互联网行业的迅猛发展，越来越多的高校毕业生选择加入互联网企业。总体而言，高校毕业生选择加入互联网企业主要有以下 3 个原因。

（1）发展潜力和机会

互联网行业发展迅速，具有广阔的市场前景。各类互联网企业涉及多个业务领域，包括电子商务、在线娱乐、社交网络、云计算等。高校毕业生在这些企业中有机会参与到具有创新性和前瞻性的项目中，获得更多成长和发展的机会。

（2）创新氛围和企业文化

互联网企业通常注重创新和团队合作，鼓励员工提出新的想法和解决方案。这种开放的氛围和积极的企业文化吸引了许多有创造力和激情的年轻人。

（3）福利待遇和发展空间

互联网企业提供了具有竞争力的薪资和福利待遇，包括股票期权、灵活的工作时间和福利、丰富的培训机会等。同时，互联网企业通常拥有较为扁平化的组织结构和快速的晋升机制，给予员工更大的发展空间。

互联网企业招聘的岗位多种多样，涵盖了技术开发、产品设计、市场营销、运营管理、数据分析等多个方面。不同的岗位对应的专业要求也不同，高校毕业生应根据自己的专业背景和兴趣选择适合自己的岗位，并加强相关领域的知识和技能学习。以下是笔者总结的一些互联网企业常见的岗位及其招聘专业的示例。

（1）技术岗位

- 软件开发工程师：计算机科学、软件工程、信息技术等相关专业。

- 数据分析师：数学、统计学、计算机科学等相关专业。

- 网络安全工程师：网络安全、信息安全、计算机科学等相关专业。

（2）运营类岗位

- 运营专员/经理：管理学、市场营销、传媒等相关专业。

- 数据运营专员/经理：数据分析、商务统计、市场研究等相关专业。

- 用户运营专员/经理：市场营销、传媒、心理学等相关专业。

（3）产品类岗位

- 产品经理：计算机科学、人机交互、市场营销等相关专业。

- 产品设计师：视觉设计、用户体验、工业设计等相关专业。

- 产品运营专员 / 经理：市场营销、商务管理、产品管理等相关专业。

（4）设计类岗位

- UI 设计师：视觉设计、平面设计、交互设计等相关专业。
- UX 设计师：用户体验、心理学、人机交互等相关专业。
- 平面设计师：视觉传达设计、广告设计、艺术设计等相关专业。

除了以上示例的专业匹配，互联网企业也开放了一些不限专业的岗位，如客户经理、行政管理、客服支持等。这些岗位通常注重应聘者的综合素质和能力，包括沟通、团队合作、问题解决等能力。

不同岗位的发展前景也各有特点。技术岗位在互联网企业中有很大的发展空间，技术人才稀缺且需求量大。同时，技术创新也是互联网企业的核心竞争力。运营和产品岗位在互联网企业中也非常重要，随着用户规模的扩大和市场需求的变化，对运营和产品的需求在不断增加。设计岗位则在用户体验和产品形象方面发挥着重要作用，随着互联网产品对用户体验的重视程度提升，设计师的发展前景也较好。

总体来说，互联网企业提供了丰富多样的岗位，适合不同专业背景的高校毕业生。随着互联网的普及和持续发展，互联网企业的发展前景仍然广阔，尤其在技术创新、产品研发、市场拓展等方面有着较高的就业增长率和职业发展空间。对于想进入互联网企业的高校毕业生来说，关注相关企业的招聘信息、参加相关行业的培训和实习、提升专业技能等都是重要的应聘技巧。

互联网企业的招聘流程通常包括以下几个环节。

（1）网申

应聘者需要在企业的招聘网站上填写个人信息和简历，并提交申请。

（2）笔试

一些互联网企业会进行在线笔试，测试应聘者的专业知识、逻辑思维和解决问题的能力。

（3）技术面试

对于技术岗位的应聘者，互联网企业可能还需要进行技术面试，考察其在相关领域的技术能力和解决问题的能力。

（4）综合面试

综合面试通常由企业的高层管理人员或部门负责人进行，考察应聘者的综合素质、团队合作能力和领导能力。

想进入互联网企业的同学们在面试前应做好充分的准备。例如，互联网企业更加重视技术岗位应聘者的技术实力和项目经验。在这里，笔者向同学们推荐一些笔试经验分享平台，如牛客网、小红书、知乎、求职岛等。这些平台上的用户经常会在相关的话题或板块中分享自己在互联网企业的面试过程、遇到的题目及解题思路。同学们可以在这些平台上搜索特定的企业或岗位，找到与其相关的面试经验。

牛客网是一个较为知名的招聘平台，提供了很多关于各个企业、岗位的面试经验和真题分享。同学们可以在牛客网上找到针对互联网企业的面试经验和笔试题目的讨论及解答。

小红书是一个社交平台，用户可以在上面分享各种生活经验和见解。在小红书上，同学们也可以找到一些关于互联网企业的面试经验分享。

知乎是一个知识分享平台，很多用户在知乎上分享了自己在互联网企业的面试经历和问题解答。同学们可以搜索相关的话题或关注与互联网招聘相关的领域，找到关于互联网企业的面试经验和笔试经验的讨论文章。

这些平台上的面试经验分享和解答可能会有不同的观点，同学们可以多方参考，从中获取有用的信息和启发，更好地准备互联网企业的笔试和面试。接下来，笔者列举一些在互联网企业的面试中常见的题型。

- 技术面试题：涉及编程语言、数据结构、算法、操作系统、网络等方面的问题，用于评估候选人的技术能力。
- 系统设计题：要求候选人根据特定需求和场景，设计可扩展、高性能的系统架构。
- 数据结构和算法题：包括常见的排序算法、查找算法、图算法等，考察候选人解决复杂问题的能力。

- 项目经历问题：关于候选人过去参与的项目，包括项目的挑战、解决方案和取得的成果。
- 行为面试问题：考察候选人的个人素质、团队合作能力、解决问题的方法等方面，以了解其适应性和领导能力。

金融企业的发展前景及应聘技巧

金融企业是指专门从事金融服务和金融业务的企业，能够提供各种金融产品和服务，以满足个人、企业和机构的金融需求。常见的金融企业如下。

（1）银行

银行包括商业银行、投资银行、农村信用社等。商业银行主要从事存款、贷款、支付结算等业务，投资银行主要从事融资、并购等业务。在银行业中，有一些福利待遇较好的企业，如中国工商银行、中国建设银行、中国农业银行等。

（2）证券公司

证券公司主要从事证券交易、投资咨询、资产管理等业务。福利待遇较好的证券公司包括华泰证券、国泰君安等。

（3）保险公司

保险公司提供各种类型的保险产品和服务，包括人寿保险、财产保险、健康保险等。福利待遇较好的保险公司包括中国人寿、中国平安、中国太平等。

（4）风险投资公司

风险投资公司主要从事对初创企业的投资和股权投资。知名的风险投资公司包括红杉资本、IDG 资本、经纬中国等。

（5）信托公司

信托公司提供信托服务，包括信托财富管理、信托资产管理等。福利待遇较好的信托公司包括中信信托、华润信托、招商信托等。

金融是一个高速发展且充满机遇的行业，金融企业为求职者提供了多元的职业发展路径，高校毕业生可以根据自己的兴趣和能力选择合适的岗位，并通过不断学习和成长实现岗位晋升。

由于金融行业竞争激烈，金融企业为吸引和留住人才提供了有竞争力的薪酬和福利待遇，包括丰厚的年终奖金、股票期权、健康保险等。

此外，金融企业往往具有较高的行业声誉和职业认可度。加入知名的金融企业，不仅可以提升个人的职业形象，而且能够为个人的职业发展打下良好的基础。在金融企业工作，高校毕业生可以接触到先进的金融理论和实践，不断学习和提升自己的专业能力。

纵观金融行业前景，主要有 4 点因素不断地吸引高校毕业生加入金融行业。

（1）行业稳定增长

金融行业作为经济的重要支柱，具有稳定增长的趋势。随着经济的发展和金融市场的深化，金融企业和机构将继续扮演重要角色。

（2）巨大的市场需求

金融服务是社会经济活动的基础，社会对金融产品和服务的需求量越来越大。金融企业和机构可以通过满足市场需求获得稳定的业务增长。

（3）技术创新驱动

随着科技的快速发展，金融科技（FinTech）成为金融行业的重要发展趋势。金融企业和机构积极采用技术创新，提升服务质量和效率。

（4）职业发展机会

金融企业和机构提供广阔的职业发展机会，包括不同的岗位和职业路径，可以满足不同人才的不同需求。

想进入金融企业的同学们应该学习金融知识、培养相关技能、了解行业动态、准备个人简历和面试技巧、争取实习机会、持续学习与提升。在这里，笔者给予大家 4 点建议。

（1）学习专业知识

金融企业对专业知识的要求较高，同学们应该学习相关的金融理论和知识，了解行业动态和政策。

（2）提升综合能力

金融企业注重综合能力的培养，包括分析能力、沟通能力、团队合作能力等。同学们应该通过参与实践项目、担任学生干部等方式提升综合素质。

（3）掌握金融工具和软件

掌握金融工具和软件是金融行业对从业者的基本要求，同学们应该学习和掌握常用的金融软件和工具，如 Excel、金融模型等。

（4）关注行业动态

了解金融行业的最新发展动态和趋势，关注金融市场的变化和政策调整，有利于应对面试和笔试中的相关问题。

金融企业和机构对不同专业的高校毕业生需求广泛，包括金融、经济、会计、法律、数学、计算机科学等专业。同时，对于运营、产品经理等岗位，金融企业也会不限专业地对高校毕业生开放。常见的金融岗位及其招聘专业如下。

- 投资银行 / 证券公司：岗位有交易员、研究分析师等，招聘金融、经济、会计、数学、工程等相关专业的高校毕业生。

- 银行：岗位有客户经理、信贷分析员、风险管理师等，招聘金融、经济、会计、管理等专业的高校毕业生。

- 保险公司：岗位有保险顾问、保险精算师、理赔专员等，招聘保险、统计学、数学、精算等相关专业的高校毕业生。

- 风险管理机构：岗位有风险分析师、风控专员、合规经理等，招聘金融、经济、法律等相关专业的高校毕业生。

- 资产管理公司：岗位有基金经理、投资分析师、投资顾问等，招聘金融、经济、会计、数学等相关专业的高校毕业生。

- 金融科技公司：岗位有数据分析师、产品经理、数字营销师等，招聘计算机科学、数据科学、市场营销等专业的高校毕业生。

需要注意的是，不同的金融企业可能会根据具体业务和需求招聘不同专业的高校毕业生。此外，金融行业也欢迎具备相关经验和技能的跨专业人才。因此，了解目标企业的招聘信息、要求和岗位描述，以及对应行业的趋势和技能需求，将有助于同学们更好地选择适合自己的岗位。具体而言，同学们在应聘金融企业时可以采用以下技巧。

（1）研究和了解目标企业

深入了解目标金融企业的业务模式、产品和服务，掌握其核心价值和竞争优势。这将帮助你在面试中展现对该企业的兴趣和了解程度，从而赢得面试官的青睐。

（2）掌握相关知识和技能

金融领域注重专业知识和技能。因此，你要努力提升自己在金融分析、投资管理、风险控制等方面的能力。参加相关的培训、课程或获得相关认证，将有助于增强你的竞争力。

（3）强调数理统计和数据分析能力

金融行业对数理统计和数据分析能力的需求较高。你可以通过加强数学、统计学和数据分析等方面的学习，展示自己在这些领域的能力和经验。

（4）关注行业动态和趋势

保持对金融行业的关注，了解当前的市场动态、政策变化和行业趋势。这将帮助你在面试中展现自己对行业发展的洞察力，并展示你对未来的规划和适应能力。

（5）准备面试的常见问题

例如，解释你对金融风险管理的理解、处理复杂金融数据的经验，或者阐述你对金融市场的观点等。你可以准备清晰、有逻辑的回答，并且准备一些具体的实例和成就来支持自己的回答。

（6）展示沟通和团队合作能力

金融企业通常需要良好的沟通和团队合作能力。在面试中，你要展示自己的沟通能力、表达能力和团队合作经验，强调自己与他人合作的能力和在团队中取得的成果。

（7）突出个人品质和道德准则

金融行业对职业道德和诚信要求较高。你要强调自己的道德准则、责任感和诚信，并通过具体的案例展示自己在困难情况下如何坚持职业操守。

建筑类企业的发展前景及应聘技巧

在城市化和基础设施建设的推动下，建筑行业具有良好的发展前景。随着人们对居住和工作环境的要求不断提高，建筑类企业将面临更多的机会。此外，可持续建筑和绿色建筑的兴起也为建筑行业带来了新的发展方向。随着科技的进步，数字化和智能化建筑技术也将成为未来的发展趋势。

建筑类企业主要包括建筑设计院、建筑施工企业、房地产开发公司、建材生产企业等。

（1）建筑设计院

- 中国建筑设计研究院：从事建筑设计和规划研究，涵盖住宅、商业、文化、教育、医疗等各类建筑项目。

- 中国建筑科学研究院：开展建筑科学研究和技术咨询，包括建筑节能、绿色建筑、结构设计等方面。

- 清华大学建筑设计研究院：进行建筑设计和规划研究，致力于创新、可持续和人文化的建筑设计。

- 上海市建筑设计研究院：涉及住宅、商业、城市综合体等建筑设计和城市规划。

（2）建筑施工企业

- 中国建筑工程总公司：承担国内外各类建筑工程项目的施工，涵盖住宅、商业、桥梁、高速公路等。

- 中建三局集团有限公司：主要从事建筑工程施工，包括公共建筑、交通基础设施、水利工程等。

- 中建五局集团有限公司：专注于建筑工程施工，包括住宅、商业、文化等各类项目。

• 中国水利水电建设集团有限公司：从事水利、水电工程的
  施工和项目开发，包括水库、水电站等。

（3）房地产开发公司

• 万科集团：致力于住宅、商业、文化等房地产项目的开发
  与销售。

• 中国恒大集团：涉及住宅、商业、酒店等房地产开发，是
  中国最大的房地产企业之一。

• 保利地产集团：主要从事住宅、商业、文化旅游地产项目
  的开发与运营。

• 中国中铁房地产集团：在铁路沿线地区进行房地产开发和
  物业管理。

（4）建材生产企业

• 宝钢集团：我国最大的钢铁生产企业之一，生产钢材和相
  关产品。

• 中国建材集团：从事水泥、玻璃、陶瓷等建筑材料的生产
  与销售。

• 中国铝业集团：专注于铝产业，包括铝材生产、加工及应
  用开发。

• 中国建材科技股份有限公司：致力于建筑材料的研发、生
  产和销售。

上述企业在建筑设计、施工、房地产开发和建材生产领域具有较高的知名度和实力，高校毕业生可以根据自身兴趣、专业背景和职业发展目标进行选择，并积极参与实习项目、校园招聘和专业组织的活动，从而积累实践经验和拓展人际关系，提升自己在行业中的竞争力。那么，高校毕业生想进入这些企业工作，应该掌握哪些应聘技巧呢？

（1）学习专业知识

建筑类企业注重应聘者的专业知识和技能，应聘者应深入学习与建筑相关的课程，了解建筑设计、施工管理、材料选型等方面的知识。

（2）实习和项目经验

通过参与实习或校园项目，积累实践经验，并展示自己在项目中的贡献和成果。

（3）建立专业网络

加入与建筑专业相关的学生组织或参与行业相关的活动，与从业者建立联系，获取行业动态和职业机会。

（4）提升沟通与团队合作能力

建筑行业注重团队合作，应聘者应培养良好的沟通能力和团队合作精神，展示自己的领导能力和协作能力。

（5）注重综合素质

除了专业知识，建筑类企业也注重应聘者的综合素质，如创造力、问题解决能力、时间管理能力等。应聘者应积极发展自身的综合素质，并在面试中充分展示出来。

事业编制单位的备考策略

事业编制单位是指由国家或地方政府设立的具有事业单位性质的组织机构，其人员按照国家规定的编制标准招聘和管理。事业编制单位包括政府机关、公共事业单位、公益性组织等，招聘岗位涵盖各个领域。

（1）常见的事业编制单位

▶ 政府机关

政府机关包括各级政府部门及其机构，如人民政府、发展改革委员会、人力资源和社会保障局等。招聘岗位涉及行政管理、经济规划、社会事务等，适合公共管理、行政管理等专业的高校毕业生。

▶ 公共事业单位

公共事业单位如医院、学校、科研院所、文化机构等，招聘岗位包括医生、教师、科研人员、艺术家等，适合医学、教育、科学研究、艺术等专业的高校毕业生。

▶ 公益性组织

公益性组织如慈善基金会、社会福利机构等，招聘岗位包括项目管理、社会工作、公共关系等，适合社会工作、公共管理、社会学等专业的高校毕业生。

（2）事业编制单位的福利待遇

事业编制单位的福利待遇一般较为优厚，具体待遇可能会有所差异，但通常包括以下方面。

▶ 薪资待遇

事业编制单位具有一定的薪资保障和晋升机制，通常按照国家规定的薪资标准执行，且具有逐年递增的趋势。

▶ 社会保险和福利

事业编制单位会提供相对全面的保险福利，一般包括社会保险、医疗保险、养老保险等，此外还可能享受额外的福利待遇，如住房补贴、交通补贴、节假日福利等。

▶ 职业发展和晋升机会

事业编制单位一般具有较为明确的职业发展和晋升机制，员工通过考核、培训和竞争有机会晋升到更高级别的岗位，实现职业发展。

▶ 工作稳定性

事业编制单位的工作一般不会受到市场经济波动的影响，员工有一定的工作稳定性和长期的职业发展空间。

（3）对于准备事业编制单位考试的建议

在报考事业编制单位时，高校毕业生应该密切关注各个机构的招聘公告和报考指南，了解其招聘流程和要求。一般情况下，事业编制单位的报考流程包括报名、资格审查、笔试、面试、体检、考察等环节。对于如何准备事业编制单位考试，笔者给出以下 5 点建议。

▶ 研究招考政策

高校毕业生应详细了解所报考事业编制单位的招考政策，包括报名条件、资格要求、报考流程等，掌握报考时间、报名方式和所需材料等信息。

▶ 做好资格审查准备

核对自己的个人资料和证件，确保符合报考条件；准备相关的证明文件和材料，如学历证书、身份证、户口本等，以备资格审查时使用。

▶ 备考笔试和面试

根据招考指南和招聘公告，了解笔试科目和面试要求；制定合理的备考计划，巩固相关的知识和技能，包括相关专业知识、基本的行政管理知识、良好的表达和沟通能力等。

▶ 注重综合素质

事业编制单位的招聘不仅关注专业知识，也注重应聘者的综合素质和能力。高校毕业生应注重培养自己的团队合作能力、领导能力、沟通能力和解决问题的能力，展现自己的综合素质和潜力。

▶ 加强实践经验

高校毕业生应积累相关的实践经验和实习经历，可以通过参加社会实践、志愿服务、校内组织等方式拓宽自己的阅历和经验，增强自己的竞争力。

总之，要想报考事业编制单位，高校毕业生应该认真研究招考政策，合理安排备考时间，关注自身的综合素质和实践经验。只有通过科学的准备和努力，才能提高自己的竞争力，增加成功的机会。接下来，笔者对笔试和面试环节的备考策略进行展开剖析。

（4）笔试准备

- 熟悉考试大纲：详细了解考试科目、题型和考试要求，制定合理的备考计划。

- 针对性复习：根据考试大纲，重点复习相关知识点，注重对基础知识的掌握和理解。

- 做模拟题：做历年真题和模拟题，熟悉考试形式和题型，提高解题速度和准确度。

- 多做题和总结：多做题，发现自己的薄弱点，及时总结归纳，加深记忆。

- 时间管理：掌握做题的时间分配，合理安排每道题目的时间，提高答题效率。

（5）面试准备

- 自我介绍：准备一个简洁明了的自我介绍，突出个人的优势和特长。

- 行业了解：深入了解所申请事业编制单位或行业的相关信息，包括发展状况、政策动向等，展示对该行业的兴趣和热情。

- 个人能力展示：准备一些具体的案例或经历，展示自己在相关领域的能力和经验，突出个人的优势和成就。
- 与他人交流：提前准备一些常见的面试问题，并与他人进行模拟面试，提高自己的表达和沟通能力。
- 面试礼仪：注意仪态端正、言谈得体，传递自信和专业的形象。

针对事业编制单位的历年考试真题，由于具体的考试机构和岗位不同，真题内容也会有所差异，笔者建议同学们通过参考相关考试机构官方网站或考试指南，获取最新的历年考试真题和资料。总之，准备报考事业编制单位的高校毕业生需要充分了解考试要求，有针对性地复习和准备，注重基础知识的掌握和实际能力的培养；同时通过模拟题和面试练习提高解题及沟通能力，全面展示自己的优势。

科学准备公务员和选调生考试

公务员考试是公务员主管部门组织录用担任一级主任科员以下及其他相当职级层次公务员的录用考试。这是一种重要的人才选拔机制，旨在选拔具备一定素质和能力的人才，以确保政府机关和相关机构的工作效能与服务质量。

选调生是各省党委组织部门有计划地从高等院校选调品学兼优的应届大学本科及以上毕业生到基层工作，作为党政领导干部后备人选和县级以上党政机关高素质的工作人员人选进行重点培养的群体的简称。

（1）公务员考试与选调生考试的不同之处

公务员考试和选调生考试是两种不同的招录方式，用于选拔人才从事公务员工作。它们有一些不同之处，包括招录方式、对象和选拔标准不同。

▶ 公务员考试

• 招录方式：公务员考试是通过笔试和面试的方式进行选拔。

• 考试对象：一般面向全国范围内符合条件的人员进行招录。

• 考试分类：根据招录单位和岗位的不同，公务员考试可以分为中央机关及其直属机构、地方机关、事业单位、国有企业等。

▶ 选调生考试

• 招录方式：选调生考试是通过综合评价的方式进行选拔，通常包括笔试、面试和综合素质评价等环节。

• 考试对象：选调生考试一般面向高校毕业生，招录对象主要是具备一定专业背景和潜力的优秀人才。

• 考试分类：选调生考试通常根据招录单位的不同进行分

类，如中央选调生、地方选调生等。需要注意的是，具体的考试形式、科目和选拔标准可能会因招录单位和年份而有所不同。招录单位会发布相应的招聘公告和考试大纲，应聘者需仔细阅读相关规定。

总体来说，公务员考试和选调生考试都是选拔人才从事公务员工作的渠道，但招录方式、对象和选拔标准存在差异，高校毕业生需要根据自身情况选择适合的考试类型。那么，在了解了公务员考试和选调生考试的异同点后，高校毕业生应如何进行科学备考呢？

准备公务员考试或选调生考试需要全面系统的复习和准备。公务员考试一般包括行政职业能力测验（行测）、申论和公共基础考试等科目，同学们在复习时要有针对性。下面笔者从笔试和面试两个方面给出一些建议和方法。

（2）笔试准备

▶ 对于行政职业能力测验（行测）

• 熟悉题型：了解行测的题型和出题规律，包括言语理解与表达、判断推理、数量关系、资料分析等。

• 提高逻辑思维：加强逻辑思维能力，学习分析和解决问题的方法及技巧。

• 做题训练：通过大量做题提高解题速度和准确率，掌握各类题型的解题方法及技巧。

- 模拟考试：进行模拟考试，熟悉考试时间和环境，提高应试能力和时间管理能力。

▶ 对于申论

- 学习写作技巧：了解申论的写作要求和评分标准，学习写作技巧和结构，包括论点提出、论证和总结。

- 拓展知识面：积累各类热点问题的知识，关注时事新闻、社会问题和公共政策，提高对问题的分析和思考能力。

- 练习写作：进行大量的写作练习，包括议论文、说明文等，提高写作速度和准确性，增强逻辑思维和表达能力。

- 修改和反思：对自己的作文进行修改和反思，寻求他人的意见和建议，不断提升写作水平和表达能力。

▶ 对于公共基础考试

- 系统学习：对考试涉及的公共基础知识进行系统学习，包括政治、法律、经济、管理等方面的基础知识。

- 整理复习：整理和归纳各类知识点，建立知识框架和思维导图，方便记忆和复习。

- 做题巩固：通过做题巩固知识，加深对各类知识点的理解。

- 多种资源：利用教材、参考书、在线课程等多种资源进行学习和复习，结合实际情况选择合适的学习方法。

总体来说，对于行测、申论和公共基础考试的准备，同学们需要系统学习以掌握扎实的基础知识，加上大量的练习和模拟考试，掌握解题技巧和应试策略。同时，同学们要注意提升自己的阅读理解、分析推理、逻辑思维和写作能力，注重时间管理和应对压力的能力。总之，全面准备将有助于提高高校毕业生的竞争力和应试水平。

（3）面试准备

- 研究考察内容：仔细研究招聘单位的官方招聘公告，了解考察的内容和要求，明确自己需要准备的内容。

- 提前准备答案：根据常见的面试题目和考察要点，提前准备自己的答案，包括个人介绍、职业规划、应对困难的经历等。

- 练习口头表达：多进行口头表达的练习，包括面试自我介绍、陈述观点、回答问题等，提高语言表达能力和沟通能力。

- 规划职业发展：深入了解所报考岗位的职责、要求和发展方向，制定自己的职业发展规划，展示对所报考岗位的热爱和认知。

- 关注时事热点：了解当前社会热点和相关政策动态，对重要的时事问题和行业问题有一定的了解和见解。

- 面试演练：找到合适的面试模拟对象，进行多次模拟面试演练，熟悉面试流程和环境，提高应对压力的能力和应变能力。

- 自信、从容、积极：在面试中展现自信、从容和积极的态度，注意仪态仪表和语言表达的规范与得体，给面试官留下良好的印象。

（4）选岗的重要性

此外，在公务员考试和选调生考试中，选岗也是非常重要的一步。选择合适的岗位可以更好地发挥个人优势，实现个人职业规划，并提高录取机会。选岗的重要性体现在以下几个方面。

▶ 适应个人兴趣和特长

每个人可以根据自己的兴趣、爱好和专业特长选择适合自己的岗位。选择感兴趣的岗位，可以增加工作的乐趣和满足感，提高工作的积极性和投入度。

▶ 发挥个人优势

每个人在不同的方面都有自己的优势，选择与自己的优势相匹配的岗位可以更好地发挥能力和潜力。在适合自己的岗位上，能够更好地展示个人的专业知识和技能，提高工作效率和质量。

▶ 实现个人职业规划

选岗可以与个人的职业规划相匹配，有助于实现个人的长远目标。选择符合自己职业规划的岗位，可以在工作中积累相关的经验和能力，为将来的职业发展打下基础。

▶ 提高录取机会

不同岗位的竞争程度和录取比例不同。选择热门岗位可能竞争激烈，选择相对冷门或专业对口的岗位可能有更高的录取机会。高校毕业生应综合考虑自身条件和发展需求，权衡各种因素做出决策，而不是盲目追求热门岗位或盲从他人的选择。

总之，高校毕业生准备公务员考试或选调生考试时需要充足的知识储备和系统的技巧训练，同时需要对招聘单位的岗位要求有清晰的认识和理解。高校毕业生只有不断提升自己的综合素质，保持良好的学习态度和心理状态，全力备战考试和面试，才能在公务员考试中脱颖而出。

第 3 章

如何打造个人简历

▍简历书写指导

以下是简历书写指导，能够帮助同学们在 HR 面前脱颖而出，并获得心仪企业的录用通知。

（1）个人信息和求职目标

简历的开头要包含个人信息和求职目标，即提供姓名、联系方式、学校、专业和毕业时间等基本信息，并简洁明了地表达求职意向，说明期望的岗位和发展方向。范例如下。

姓名：李明

联系方式：1234567890（手机），999996666@163.com（邮箱）

学校：××大学

专业：计算机科学与技术

毕业时间：2023 年 6 月

求职目标：寻找软件工程师的岗位，在技术领域不断学习和成长，为公司的发展做出贡献

（2）科研项目经历

科研项目经历可以展示你在专业领域的能力和研究潜力。这部分主要列出你参与过的科研项目，包括项目名称、起止时间、参与角色和具体职责。范例如下。

项目名称：智能车辆交通流优化研究

时间：2022 年 3 月—2023 年 5 月

角色：项目组成员

职责：

- 收集和分析车辆交通数据，了解城市交通流模式
- 建立交通流优化算法，并使用 Python 进行实现和测试
- 与团队成员合作，改进算法的性能和稳定性
- 撰写研究报告和演示项目成果

项目名称：人工智能辅助医疗系统开发

时间：2021 年 9 月—2022 年 1 月

角色：项目组组长

职责：

- 设计和开发人工智能模型，用于医疗图像分析和诊断
- 协调项目进展，分配任务并跟进团队成员的工作
- 与医院合作，收集和分析医疗数据
- 组织项目演示和技术交流会议，展示项目成果

这里要注意的是在描述项目经历时，需要重点展开职责部分，强调你在项目中承担的具体职责和取得的成果，如使用的技术和数据分析方法、项目规模和实现的效果。这将有助于展示你的专业能力和解决问题的能力。

（3）实习经历

实习经历是展示你在工作环境中获得技能和经验的机会。这部分主要列出你曾经实习过的公司或组织名称、实习时间、岗位名称及具体职责和成就。

公司名称：ABC 科技有限公司

实习时间：2022 年 6—8 月

岗位名称：软件开发实习生

职责：

- 协助开发团队进行软件模块的设计和开发
- 进行单元测试和系统集成测试，确保软件质量
- 参与需求讨论和技术评审会议，提出改进建议
- 编写技术文档和用户手册

组织名称：BCD 管理策划有限公司

实习时间：2021 年 4—7 月

岗位名称：市场营销实习生

职责：

- 策划和组织线上活动，扩大协会的影响力

- 撰写推广文案和社交媒体内容，提高活动参与度

- 协调与外部合作伙伴的关系，寻求赞助机会

- 统计和分析活动数据，提供决策支持

这里要注意的是在描述实习经历时，同样需要重点展开职责部分，突出你在工作中取得的成果和提升的能力，如参与的项目、解决的问题、实习期间获得的奖项。这可以展示你在工作环境中的价值和能力。

（4）学生工作经历

学生工作经历可以展示你的组织能力、领导能力和团队合作精神。这部分应当涵盖你在学校期间担任的学生组织职务、参与的志愿者活动或兼职工作等。

学生组织：××大学计算机协会

时间：2019年9月—2023年6月

职务：协会主席

职责：

- 组织和主持协会例会及活动，促进会员之间的交流与合作

- 策划并组织计算机技术讲座和比赛，提高学生的技术水平

- 协调与学校和其他学生组织的合作，扩大协会的影响力

- 指导新成员参与项目和活动，培养团队精神和领导
  能力

志愿者活动：城市环保意识宣传活动

时间：2020 年 7—8 月

职务：志愿者组长

职责：

- 协调志愿者团队，分配任务并跟进工作进展
- 参与策划宣传活动和设计宣传物料
- 到社区和学校开展环保讲座及宣传活动
- 收集和分析参与者的反馈意见，提供改进建议

在描述学生工作经历时，需要强调你在组织中的职务和职责，以及通过这些经历获得的领导能力、沟通能力和组织能力，同时突出你在团队合作和问题解决方面的能力。

（5）其他要点

简历书写除了以上要点，还有一些其他要点可以帮助你的简历在 HR 面前脱颖而出。

▶ 突出技能

列出你的技能和熟练程度，包括编程语言、掌握的工具和软件、数据分析和沟通能力等。这可以让 HR 更好地了解你的技术背景和能力。

▶ 教育背景

除了学校和专业信息，也可以包括你的学术成绩、获得的奖项和荣誉等。这些可以展示你的学术能力和专业素养。

▶ 个人项目或作品集

如果你有个人项目、开源项目或作品集，也可以在简历中提及，并提供相关链接。这可以让 HR 更好地了解你的实际工作能力和创造力。

▶ 个人特长

如果你有特殊的爱好或特长，如跆拳道黑带等，也可以在简历中提及，这可以展示你的多元化能力和个性特点。

最后，同学们要确保简历的格式整洁、内容清晰，避免使用错别字。使用简洁的语言和具体的案例来描述你的经历和成就。在准备面试时，要充分了解简历中的每一部分，以便能够在面试中自信地回答与之相关的问题。总而言之，一份成功的简历要结合个人的经历、能力和特点，全面展示自己的素质和潜力。通过清晰地描述项目经历、实习经历和学生工作经历，突出个人的技能和成就，你的简历可以在 HR 面前脱颖而出，最终让你获得录用通知。

切忌一份简历"打天下"

高校毕业生在求职时，不应该将一份简历用于所有企业，而应该根据不同的企业对简历的需求进行调整。这是因为不同的企业有不同的招聘标准和要求，它们可能会注重不同的技能、经验和特质。

为什么高校毕业生不应该用一份简历"打天下"呢？具体的原因如下。

（1）招聘标准和要求的差异

不同的企业对某个岗位的技能、经验和特质的重视程度是不同的。有些企业可能更注重技术能力，而另一些企业可能更看重团队合作和沟通能力。因此，简历需要根据不同企业的需求进行调整，以突出与目标企业匹配的关键要素。

（2）突出个人价值

简历的目的是向招聘者展示应聘者的独特价值和适应能力。通过调整简历，使其与目标企业更加匹配，可以更好地突出应聘者的相关技能和经验，从而提高被该企业认可的机会。

（3）个人发展和兴趣的考量

不同的企业文化、行业领域和发展机会都会对高校毕业生产生不同的吸引力。因此，根据企业的需求调整简历，你可以更好地表达自己对该企业和行业的兴趣，并表示自己愿意为其发展做出贡献。

所以，在高校毕业生求职过程中，简历和招聘需求的匹配度非常重要。以下是笔者列举的说明匹配度重要性的几个原因。

（1）筛选候选人

招聘者通常会收到大量的简历，而他们需要筛选出最合适的候选人进行面试。简历和招聘需求的匹配度可以帮助招聘者更快速地确定哪些候选人具备企业所需的技能、经验和素质，从而减少筛选时间并提高招聘效率。

（2）预测工作表现

简历和招聘需求的匹配度可以让招聘者预测应聘者在未来工作中的表现。如果高校毕业生的简历与招聘需求高度匹配，他们具备企业所需的技能和背景，他们就更有可能会在工作中表现出色。

（3）确保文化适应

招聘者不仅关注候选人的技能和经验，也重视候选人与企业文化的匹配度。通过匹配度较高的简历，招聘者可以更好地了解候选人是否具备适应企业文化和团队环境的潜力。

（4）提高面试机会

如果简历与招聘需求高度匹配，招聘者更有可能对候选人感兴趣并邀请其参加面试。高匹配度的简历可以帮助候选人增加获得面试的机会。

这里需要强调的是尽管简历和招聘需求的匹配度很重要，但并不意味着只有完全匹配才能成功，有时候选人的潜力、学习能力和适应能力也会被招聘者考虑在内。只是说，匹配度高的简历可以为候选人带来更多机会，使他们更容易通过筛选阶段，并获得面试和进一步评估的机会。因此，高校毕业生在撰写简历时应努力将其与招聘需求保持一致，强调自己的相关技能、经验和素质，以提高在应聘过程中的竞争力和成功机会。这就意味着高校毕业生在撰写简历时对具体的企业应做到具体分析。

下面列举一些书写简历的关键原则和建议，以帮助同学们在简历中展现与招聘岗位的超高匹配度。

（1）关注招聘岗位的职位描述和要求

仔细阅读招聘岗位的职位描述和要求，理解企业对该岗位的期望和技能要求，写简历时要将重点放在与这些要求直接相关的经历和技能上。

（2）个人陈述或职业目标

在简历开头部分，可以添加个人陈述或职业目标，突出你对该岗位的兴趣和适应性，说明你为什么对该岗位感兴趣，以及你能为公司做出哪些贡献。

（3）摘要或技能概述

在用邮箱投递简历时，可以在正文部分写一个简短的摘要或技能概述，列出与招聘岗位相关的关键技能和经验，突出你在这些方面的能力以引起招聘者的注意。

（4）强调相关实习经历和项目经历

在描述实习经历和项目经历时，将重点放在与招聘岗位相关的方面，强调你在这些经历中取得的成就、技能和经验，以及如何将它们应用于目标岗位。

（5）突出相关技能和知识

在技能部分，列出与招聘岗位相关的专业技能、工具和语言，可以让招聘者清楚了解你在这些方面的能力和熟练程度。

尽管要重点展示与求职岗位相关的经历和技能，也不意味着无关的实习经历和项目经历完全不需要在简历中提及。一些看似无关的经历，其实也可以提供其他方面的价值，如团队合作能力、领导能力、沟通能力和适应能力。这些能力对于很多岗位都是有价值的，并且在整体评估中可能起到积极作用。高校毕业生在描述无关经历时，要注意强调与目标岗位相关的技能和经验。例如，你可以提及自己在这些经历中学到的与招聘岗位相关的技能，或者如何将这些经验中的某些方面应用于目标岗位。

如果你的简历中经验部分相对较少，你就可以将一些无关但积极的经历放在简历的后半部分，用于补充你的整体背景。这样可以给招聘者更全面的了解，并显示你的多样性和适应性。

总而言之，高校毕业生在撰写简历时需要确保简历内容与求职岗位相关，并突出与岗位要求相匹配的经验、技能和成就。最重要的是要向招聘者传达你的价值和适应能力，使他们对你感兴趣并愿意给予面试机会。

简历是决定能否拿到录用通知的最重要因素

简历是决定高校毕业生能否拿到录用通知的最重要因素，

这是因为简历在应聘过程中起着筛选和评估的作用。笔者总结了以下 3 点原因，用来解释为什么简历对于高校毕业生至关重要。

（1）筛选和初步评估

大多数招聘者会通过简历来筛选候选人。招聘者通常会收到大量的简历，他们需要从中选出最有潜力且合适的候选人进行面试。简历中的关键信息，如教育背景、技能、实习经历和项目经历等，给招聘者提供了初步评估候选人的依据。这也就意味着简历是高校毕业生与企业建立第一次联系的方式。在收到简历之前，招聘者通常无法直接了解候选人的能力和背景。简历为招聘者提供了对候选人的第一印象，第一印象在求职招聘中占据着非同一般的地位。

（2）面试准备和提问

招聘者通常会在面试过程中参考简历来准备提问或深度挖掘。简历中列出的信息可以作为招聘者了解候选人背景、经历和技能的基础。招聘者可能会针对简历中的内容进行提问，以了解候选人在实践中的表现和取得的成就。

（3）综合表现的体现

简历是高校毕业生在校期间综合表现的重要体现。虽然简历不能展示所有的细节，但它可以提供关于候选人学术成绩、实习经验、项目参与、社会活动和领导能力等方面的信息。简历反映了高校毕业生在校期间的成果，给予招聘者对其能力和潜力的初步印象。

高校毕业生应该从大一开始努力取得好的学术成绩，丰富实习和项目经历，积极参与社团和学生组织，自主学习，提升专业技能。

针对大学生如何积累好的履历，笔者给出以下 8 条建议。

（1）早期规划

高校毕业生应从大一就开始早期规划，明确自己的职业目标和发展方向，了解自己感兴趣的领域，并在学校提供的资源中寻找相关的实习机会、项目机会和学生组织活动机会。

（2）学习成绩

努力取得优秀的成绩，这是简历中最重要的部分。保持良好的学习成绩，可以向招聘者展示你的学习能力和进取精神。

（3）实习经历

争取寻找与自己职业目标相关的实习机会。实习经历可以帮助你将理论知识应用于实践，提供宝贵的行业经验和实操技能。选择知名企业或有声望的实习项目，可以给你的简历加分。

（4）项目参与

积极参与学校或社区的项目，特别是与你的职业目标相关的项目。项目参与展示了你的团队合作能力、解决问题的能力和创新思维，是简历中的亮点。

（5）学生组织和领导经验

参与学生组织、社团或志愿者活动，并担任领导角色。这些经历可以展示你的组织能力、领导潜力和团队合作能力,给予招聘者积极的印象。

（6）自主学习和技能发展

除了学校提供的课程,自主学习和技能发展也很重要。你可以积极寻求在线课程、培训、认证或技能工作坊,不断提升自己的技能和知识水平。

（7）人际关系

参加职业发展活动、行业研讨会和招聘活动,与行业专业人士、教授和校友进行交流,了解行业动态和拓展人际关系。

（8）个人项目和作品展示

通过个人项目和作品展示你的个人能力与创造性。这些展示可以作为简历中的附加材料,激发招聘者对你的兴趣和好奇心。

简历中的内容应该真实和准确,不应该有任何虚假信息或夸大其词。其原因说明如下。

第一,诚信是职场中非常重要的品质,也是建立良好职业关系的基础。提供虚假信息或夸大自己的能力是不诚信的行为,会对你的声誉和信誉产生负面影响。

第二,招聘者期望从简历中获得真实可靠的信息,以便评估应聘者适合与否。如果应聘者被发现在简历中提供虚假信息,将可能失去面试的机会或被解雇。

第三,如果应聘者在求职过程中被发现提供虚假信息,就可能会对职业发展产生严重后果。例如，在被录用后，一旦公司发现你的实际情况与简历不符，你就可能被解雇。同时，虚假信息还可能会在职业发展的后续阶段暴露出来，对你的声誉和职业前景造成负面影响。

第四，简历是为了展示应聘者的真实能力和适应性，提供真实的信息可以帮助招聘者更好地评估应聘者是否适合所申请的岗位。如果虚报技能或经验，可能会导致你被分配到无法胜任的工作，这对你和公司都是不利的。

为了避免负面后果并保持自己的诚信，高校毕业生在撰写简历时应该遵循以下原则。

- 真实性：提供准确、真实的信息，包括教育背景、实习经历、项目经验、技能和成就等。
- 突出重点：着重强调你在相关领域的真实经验和技能，而不是夸大或编造不存在的内容。
- 诚实表达：用积极、准确的词语描述自己的能力和贡献，避免过度夸大或夸张。
- 准备面试：基于你真实的经历和技能准备面试问题，以便能够真实地回答招聘者的提问。

记住，诚信和真实性是建立职业声誉的基石。通过提供真实的信息和努力发展自己的技能，你才能够获得更好的职业发展机会。

▍从 HR 的角度挖掘个人简历

本节以央国企、互联网企业、金融企业、公务员系统、外企和初创公司为例，说明它们的 HR 对高校毕业生简历中的内容侧重点和挖掘重点。

（1）央国企（如中国石油、中国电力等）

▶ 学术背景和专业知识

对于技术类岗位，学历和专业背景是重要的考虑因素。HR会关注高校毕业生的学校声誉、专业课程和相关证书。

▶ 实习经验和项目经历

央国企看重实践经验，特别是与企业业务相关的实习经验和项目经历，它们关注高校毕业生在实践中的表现和能力。

▶ 学生工作经历

参与社团或学生会等学生工作经历，可以显示你的组织能力、领导潜力和团队合作能力。

（2）互联网企业（如阿里巴巴、腾讯等）

▶ 实习经验和项目经历

互联网企业对与技术、产品或市场等相关的实习经验和项目经历非常感兴趣，它们希望看到高校毕业生在真实场景下的表现和解决问题的能力。

▶ 创业经历和比赛经历

互联网企业看重创业精神和创新能力。如果高校毕业生参与过创业项目或在相关比赛中获得成绩，将是吸引 HR 关注的亮点。

▶ 技术能力和开源项目

互联网企业对技术能力有较高的要求，HR 会关注高校毕业生的编程技能、对开源项目的参与程度和个人技术博客等。

（3）金融企业（如银行、证券公司等）

▶ 实习经验和项目经历

金融企业对与金融分析、投资、风控等相关的实习经验和项目经历感兴趣，它们希望了解高校毕业生在金融领域的实践能力和知识应用水平。

▶ 外语水平

金融企业通常有国际业务和跨国合作，所以对外语能力的要求很高。HR 会关注高校毕业生的外语水平，特别是英语水平。

▶ 学术成绩和证书

金融企业注重学术能力和专业知识，优秀的学术成绩和相关证书可以增强高校毕业生的竞争力。

（4）公务员系统

▶ 学术背景和综合素质

公务员系统通常有一定的学历和学科要求，所以 HR 会关注高校毕业生的学历背景和综合素质评估。

▶ 学生工作经历

公务员系统注重社会责任感和团队合作能力。参与学生组织、社会实践和志愿者活动等学生工作经历，可以展示高校毕业生的社会责任感和团队合作能力。

▶ 公共事务相关经验

公务员系统的工作通常涉及公共事务和政策，HR 会关注高校毕业生在公共事务领域的实践经验和项目经历。

（5）外企（如亚马逊、波士顿咨询等）

▶ 外语水平

HR 会关注高校毕业生的外语水平，特别是在听、说、读、写方面。

▶ 跨文化经验和学术背景

外企注重国际视野和跨文化交流能力，有国际交流经验、海外留学经历或在跨文化环境中工作能力的高校毕业生将受到关注。

▶ 实习经验和项目经历

外企对与其业务领域相关的实习经验和项目经历感兴趣，它们希望了解高校毕业生在真实场景下的表现和解决问题的能力。

（6）初创公司

▶ 创业经历和比赛经历

初创公司看重创业精神和创新能力，如果高校毕业生参与过创业项目或在相关比赛中获得成绩，将是吸引 HR 关注的亮点。

▶ 自主项目和作品展示

初创公司注重个人能力和创造性。通过自主项目和作品展示，高校毕业生可以展示自己的能力成果和创造性思维。

▶ 快速学习和适应能力

初创公司的工作通常是快节奏的，所以 HR 会关注高校毕业生的学习能力和适应能力。

总之，高校毕业生在撰写简历时应根据目标企业的特点和招聘需求，合理调整简历的内容，突出与目标岗位相关的经验和能力，以增强自己的竞争力；同时也要确保简历的内容真实、准确，符合职业道德和诚信原则。

简历模板设计的差异化逻辑

在选择简历模板时，高校毕业生应考虑模板的清晰度、专业性和适应性。本节分享央国企、互联网企业、金融企业、公务员系统、外企和初创公司对简历模板的不同偏好，并给出针对性的建议。

央国企通常更加注重正式、专业和传统的形象，因此笔者推荐选择简洁明了、结构清晰的模板，其具有以下特点。

- 专业感强：使用传统的字体、简洁的排版和标准的段落结构，突出简历中的关键信息。

- 正式风格：采用传统的黑白配色、经典的标题和边框设计，保持整体的稳重性。

- 统一规范：遵循传统的简历格式，包括个人信息、教育经历、实习经验、项目经历等，结构清晰，易于阅读。

互联网企业注重创新和个性化，对简历模板的要求相对灵活。这类简历模板具有以下特点。

- 简洁现代：采用简洁明了的设计，减少烦琐的装饰，突出内容的清晰度和重要信息的可读性。

- 创意元素：加入一些创意的设计元素，如独特的标志符号、醒目的标题等，以吸引招聘者的注意。

- 个性化可调整：简历模板可以灵活调整和定制，展现个人的创造力和技能。

金融企业对简历的要求通常较为正式和专业，其简历模板具有以下特点。

- 传统格式：遵循传统的简历格式，注重个人信息、教育背景、实习经历和项目经验的详细描述，以展示专业素养。

- 专业配色：使用保守的颜色搭配，如蓝色、灰色和白色，传递专业和可靠的形象。

- 强调数字和成果：突出在实习或项目中取得的成果和数据，以突显自己的贡献和能力。

公务员招录注重综合素质和符合公务员岗位要求的能力，其简历模板具有以下特点。

- 正式规范：采用传统的简历格式和规范，清晰地展示个人信息、学历背景、工作经验和培训情况。

- 突出公益意识：注重强调社会责任感、公共服务经验和志愿者工作，以突出个人对公共事务的关注和参与。

外企通常注重全球化视野、创新能力和跨文化沟通能力，其简历模板具有以下特点。

- 简洁现代：采用简洁现代的设计风格，注重内容的重点突出和版面的清晰度。
- 强调语言能力：突出外语能力和国际交流经验，以证明自己的跨文化沟通能力。
- 创新元素：可以加入一些创意和独特的设计元素，以体现个人的创新思维和创造力。

初创公司更加看重创新能力、适应能力和团队合作能力，其简历模板具有以下特点。

- 创意设计：采用有创意的设计风格，突出个人的创新能力和设计能力。
- 突出实践经验：注重展示实习经历、项目参与和创业经历，以证明实践能力和适应能力。
- 简洁明了：保持简洁明了的排版和内容结构，突出关键信息。

高校毕业生应根据个人情况、目标企业和岗位需求确定简历的模板。重要的是简历的内容清晰、结构合理，并突出与目标企业和岗位相关的关键信息。

在招聘信息中挖掘企业所需

在招聘信息中挖掘企业所需并早做准备，以最终拿到心仪企业的录用通知，是高校毕业生求职过程中的关键步骤。本节给同学们分享一些方法和建议，帮助大家明确企业的招聘痛点并做好准备。

（1）仔细阅读招聘信息

仔细阅读招聘信息是了解企业需求的首要步骤，包括仔细阅读岗位描述和要求，理解企业对应聘者的期望和技能要求。同学们要注意招聘信息中的关键词和关键短语，这些通常揭示了企业的招聘重点和关注点。

（2）分析企业的价值观

通过企业的官方网站、社交媒体、新闻报道等渠道，分析企业的核心价值观，同学们可以更好地理解企业的需求，并展现自己与企业的匹配度。

（3）识别关键技能和经验

通过分析招聘信息和企业的价值观，确定企业对技能和经验的关注点。识别关键技能和经验要素，如特定编程语言、项目管理经验、市场营销技能等，确保自己在简历和面试中突出展示这些关键能力。

（4）整理个人素材

根据招聘信息和企业需求，整理和准备个人素材，包括简历、求职信、作品集、项目经验描述等。确保这些素材突出展示自己与企业需求的匹配度，并准备好用于支撑个人能力和经验的实例。

（5）了解行业趋势和挑战

了解目标行业的发展趋势和挑战，对于高校毕业生而言尤为重要。研究行业相关的新闻、报告和趋势分析，了解行业的发展方向、竞争态势和技术变革。这样可以更好地理解企业的需求，展现自己对行业的理解和适应能力。

（6）寻求内部消息

参加行业相关的活动、职业展会或校园招聘活动，与企业代表进行面对面交流，与目标企业的员工、校友或行业专业人士交流，尽可能获取内部消息，了解企业的招聘需求。

（7）提前准备面试答案

根据招聘信息和企业需求，提前准备面试答案。针对可能提及的问题，展示自己与企业需求的匹配度。准备实例和故事，展示自己的能力、经验和解决问题的能力。

（8）提升综合素质

除了技术和专业技能，提升综合素质也很重要。企业通常注重应聘者的软技能和领导能力。同学们要培养自己的团队合作能力、沟通能力、领导能力和解决问题的能力，参与社团、志愿者活动、项目管理等就可以锻炼这些能力。

（9）制定求职计划

制定明确的求职计划，包括目标企业列表、申请时间表和跟进计划；合理安排时间和资源，确保有足够的准备时间和机会与目标企业互动。

（10）利用网络和建立关系

积极利用专业社交媒体平台，参与相关的行业讨论和社群，建立与企业员工和专业人士的关系。

综上所述，挖掘企业需求并为之做准备是一个持续的过程，需要应聘者不断调整和优化个人素材，根据目标企业的变化和反馈进行调整，始终保持积极的态度和灵活性，准备好应对各种情况。通过以上方法和建议，笔者希望高校毕业生可以更好地明确企业的招聘痛点，并在求职过程中做好充足的准备，最终获得心仪企业的录用通知。

第 4 章

用技巧轻松应对网申

网申技巧指南

在求职过程中，网络申请（以下简称网申）已成为求职者最常用的方式之一。无论是高校毕业生还是有经验的职场人士，都可以通过网申寻找自己理想的工作。然而，不同类型的企业和单位在网申过程中存在一些差异，了解这些差异并掌握相应的技巧非常重要。本节为同学们介绍不同类型企业和单位的网申方式及需要注意的事项。

（1）不同类型企业和单位的网申方式

▶ 发送简历到邮箱

有些企业在招聘过程中要求求职者将简历发送到指定的邮箱，这种方式通常适用于小型公司、初创公司或个体经营者。在发送简历时，求职者应确保邮件的主题清晰明了，简历的格式规范，并在正文中简要介绍自己的求职意向和优势。

▶ 官网投递简历

大多数企业和单位都提供在其官方网站提交在线申请的选

项，这种方式适用于各类企事业单位，包括央国企、互联网企业、金融企业、外企，以及公务员系统和事业编制单位等。在官网投递简历时，求职者务必填写完整的个人信息，包括教育背景、工作经历、技能和其他相关信息。此外，一些企业和单位还会要求求职者回答附加的问题或进行在线测验。

▶ 在第三方招聘网站申请

第三方招聘网站如智联招聘、前程无忧、求职岛等，也是求职者常用的网申平台。这些网站提供大量的岗位信息，并允许求职者通过上传简历或在线填写申请表来申请工作。在使用这些网站时，求职者应注意填写准确的个人信息和简历，并及时关注更新的岗位信息。

（2）不同类型企业和单位的网申注意事项

▶ 央国企、互联网企业和金融企业

这些企业的招聘通常竞争激烈，网申过程更加严格。在网申之前，求职者应仔细研究企业背景、业务范围和招聘要求；准备一份精心设计的个人简历，突出与岗位要求相关的技能和经验。此外，求职者还可以写一封针对企业和岗位的个性化求职信，突出自己的热情和能力。

▶ 公务员系统和事业编制单位

公务员系统和事业编制单位的网申过程通常由相关政府机构负责。在网申之前，求职者应详细阅读招聘公告和相关的考试大纲，了解招聘流程和考试要求。填写网申表时，务必准确无误地填写个人信息和考试科目等相关内容。一些政府机构还会要求提供个人陈述和自我介绍，求职者应当认真准备。

▶ 外企和初创公司

外企和初创公司通常更加注重个人的创新能力和适应能力。在网申过程中，求职者应突出自己的跨文化交流能力、创新思维和团队合作精神，关注企业的产品或服务，并在求职信中表达对公司发展的兴趣和热情。

（3）网申技巧

▶ 提前准备

在网申之前，求职者应准备好个人简历和求职信，确保它们与目标岗位匹配；研究企业和岗位要求，并根据需要调整和强调自己的技能及经验。

▶ 注意细节

求职者在填写网申表或发送电子邮件时，应仔细检查并确保准确无误；注意拼写和语法错误，避免格式混乱。这些细节可能会影响你的专业形象和被录取的机会。

▶ 个性化求职信

求职者应针对每个企业和岗位撰写个性化的求职信，突出自己与岗位要求的匹配度；表达自己对该企业和岗位的兴趣，并举例说明自己的能力和成就。

▶ 跟进申请进程

网申后，跟进申请进程是很重要的。如果没有及时收到回复，求职者可以通过电话或邮件向企业咨询申请状态。这显示了你的积极性和热情。

网申在现代求职中扮演着重要的角色，同学们需要根据不同类型企业的要求采取相应的网申方式，并注意细节，突出自己的优势和适应能力；提前准备个人简历，并个性化地撰写求职信以展示自己对企业和岗位的兴趣；最重要的是保持积极的心态和持续的努力，相信自己能够找到理想的工作。

第一时间获取心仪企业的招聘信息

对于高校毕业生来说，获取心仪企业的招聘信息可以帮助他们及时了解和把握就业机会。关于春招季和秋招季，笔者总结了以下常见的获取招聘信息的渠道和技巧。

（1）获取招聘信息的常见渠道

▶ 校园宣讲会

许多大型企业会选择在高校举办宣讲会，向毕业生介绍企业的情况和招聘信息。这是高校毕业生了解企业并与招聘人员互动的绝佳机会。高校毕业生可以通过学校官网、招聘平台或学院通知了解宣讲会的时间和地点。

▶ 高校就业微信公众号

许多高校都设有官方就业微信公众号，如北航就业、清华就业、厦大就业等，其中包含就业信息发布、招聘会安排等内容。高校毕业生可以关注并及时查看校园微信公众号上发布的招聘信息。

▶ 就业信息网

许多高校或学院都设有专门的就业信息网，发布招聘信息并提供就业指导服务。高校毕业生可以定期访问该网站，查看最新的招聘信息。

▶ 第三方求职软件和网站

第三方求职软件和网站，如智联招聘、前程无忧等也是高校毕业生获取招聘信息的重要渠道。高校毕业生可以注册并完善个人信息，根据自己的求职意向进行搜索，及时了解最新的招聘信息。

▶ 校招双选会

校招双选会是许多高校举办的重要招聘活动，吸引了众多知名企业的参与。高校毕业生可以通过参加双选会，直接与企业招聘人员进行交流，并获取详细的招聘信息。

（2）在春招季和秋招季获取招聘信息的技巧

▶ 提前规划

在春招季和秋招季开始前，高校毕业生就应该规划好自己的求职目标和就业方向，了解自己的兴趣和优势，并有针对性地选择目标企业。

▶ 关注招聘信息的发布时间

春招季和秋招季是企业招聘的重要时间段，大型企业通常会提前发布招聘信息。因此，高校毕业生要密切关注招聘信息的发布时间，及时获取信息。

▶ 多渠道获取信息

不同的渠道可能会有不同的招聘信息发布时间和覆盖范围。高校毕业生应该通过各种渠道，包括校园宣讲会、高校微信公众号、就业信息网、第三方求职软件和网站、校招双选会等，第一时间获取信息。

▶ 与学长、学姐交流

与已经进入职场的学长、学姐交流，他们可能有更多的经验和信息资源。高校毕业生可以通过学院或校友网络与学长、学姐建立联系，向他们咨询就业信息，并寻求他们的建议和指导。

▶ 建立个人网络

高校毕业生应主动参加行业相关的活动、社团组织或线上社交平台，扩展个人的职业网络。通过与业界人士交流，有机会获取更多的招聘信息和就业机会。

总而言之，要想获取心仪企业的招聘信息，高校毕业生需要积极主动地寻找和利用各种渠道。关注校园宣讲会、高校微信公众号、就业信息网、第三方求职软件和网站，参加校招双选会，并与学长、学姐交流建立个人网络，这些措施都可以帮助高校毕业生在春招季和秋招季第一时间获取招聘信息，提高就业竞争力。

找实习是一场信息战

对于高校毕业生来说，实习也是非常重要的，它可以提供实践机会，增加工作经验，丰富个人简历，提高就业竞争力。本节重点介绍实习的重要性、开始时间和获取实习招聘信息的建议。

（1）实习的重要性

第一，实习是将学到的理论知识应用于实际工作的机会，高校毕业生通过实习可以锻炼自己的专业技能和实际操作能力。

第二，实习可以帮助高校毕业生积累工作经验，这对于找到一份好工作至关重要。有实习经验的求职者在就业市场上更具竞争力。

第三，实习可以为个人简历增加亮点，展示高校毕业生在特定领域的工作经验和实操能力，吸引用人单位的关注。

第四，通过实习，高校毕业生可以更好地了解自己的职业兴趣和发展方向，有助于更明确地制定职业规划。

（2）开始实习的时间

▶ 寒暑假期间

高校毕业生应该尽早开始实习，最好在大学期间就开始寻找实习的机会。大学寒暑假是进行长期实习的绝佳时机，高校毕业生可以利用假期参加实习项目，获得更长时间的工作经验。

▶ 学年期间

如果时间允许，高校毕业生也可以在学年期间进行短期实习，如每周几天或每周末。这有助于平衡学业和工作，并逐步积累经验。

▶ 毕业前几个月

高校毕业生也可以在毕业前几个月寻找全职实习机会。这种实习可以为顺利就业打下基础，提高就业竞争力。

（3）获取实习招聘信息的途径

▶ 学校资源

高校通常会提供实习招聘信息和就业指导服务，学生可以定期关注学校官方网站、学院通知或就业指导中心发布的实习信息。

▶ 校内招聘会

许多高校会举办校内招聘会，吸引各类企业参与。高校毕业生可以通过参加招聘会与企业招聘人员交流，并了解实习机会。

▶ 第三方求职平台

利用第三方求职平台如智联招聘、前程无忧等，注册个人账号并完善简历信息。这些平台通常提供大量实习招聘信息，高校毕业生可以根据自己的兴趣和条件筛选。

▶ 社交媒体和网络

关注各种社交媒体平台，如微信公众号等，加入行业相关的讨论群和社区，有时会有企业发布实习招聘信息。

▶ 学长、学姐及校友关系

高校毕业生可以与已经有工作经验的学长、学姐或校友保持联系，向他们咨询实习机会和招聘信息，他们可能会帮助你找到实习机会。

对于高校毕业生来说，实习可以提供实践机会和工作经验。高校毕业生获取实习招聘信息的途径包括学校资源、校内招聘会、第三方求职平台、社交媒体和网络，以及借助学长、学姐和校友关系。通过积极主动地寻找实习机会，高校毕业生可以为自己的就业打下坚实的基础，提高职业竞争力。请记住，实习不仅是一次学习和锻炼的机会，也是职业生涯中的重要里程碑。

厘清自身优势，精准输出岗位所需

在网申过程中，高校毕业生厘清自身优势并精准输出岗位所需是非常重要的。这样做可以增强自己的竞争力，提高入职心仪企业的可能性。那么，高校毕业生应该如何厘清自身优势，精准输出岗位所需呢？

（1）厘清自身优势的作用

▶ 突出个人特点

厘清自身优势可以帮助高校毕业生确定自己在职业领域的

独特优势，突出个人特点，使自己在众多求职者中脱颖而出。

▶ 有针对性地展示

通过厘清自身优势，高校毕业生可以更有针对性地在简历、面试和自我介绍中展示自己的优势，让招聘者对自己产生深刻的印象。

▶ 职业规划指导

厘清自身优势有助于高校毕业生制定个人职业规划、选择发展方向，使自己的求职过程更有目标性和长远性。

（2）厘清自身优势的方法

▶ 自我评估

高校毕业生应认真评估自己的技能、知识和经验，分析自己在不同方面的优势；回顾过去的项目经历、学术成果和实习经验，发现自己的特点。

▶ 请教他人意见

高校毕业生可以与身边的亲朋好友、老师、导师、学长、学姐交流，听取他们对自己的评价和建议。他们的观察和意见可能会帮助你发现自己的优势。

▶ SWOT 分析

SWOT 分析是一种常用的战略管理工具，用于评估个人、组织或项目的内部优势（Strengths）、内部劣势（Weaknesses）、外部机会（Opportunities）和外部威胁（Threats）。它帮助高校毕业生了解自己的优势和劣势，以及外部环境对他们求职过程的影响。其中，内部优势是指个人具备的技能、知识、经验和特点，使其在求职过程中具有竞争优势的内部因素；内部劣势是指个人在求职过程中相对不足或有待提升的方面，可能会影响其竞争力的内部因素；外部机会是指与求职者相关的外部环境中能够提供发展、增长和进步机会的因素；外部威胁是指与求职者相关的外部环境中可能对其求职过程产生负面影响的因素。

高校毕业生进行 SWOT 分析，可以明确自己的优势所在，定位自己擅长的技能、领域，以及与他人相比的独特之处。

▶ 思考过去的成功经历

高校毕业生通过回顾过去的成功经历，思考自己是如何发挥优势取得成绩的，可以了解自己在何种情况下表现出色并从中总结自己的优势。

（3）精准输出岗位所需的理由

▶ 提高匹配度

招聘者更倾向于选择那些与岗位要求相符的求职者。高校毕业生精准输出岗位所需，可以提高自己与目标岗位的匹配度。

▶ 显示适应能力

高校毕业生精准输出岗位所需能够展示自己对目标岗位的了解和适应能力，这体现了你对职业发展的规划和对该岗位的认知。

▶ 突出关键技能

高校毕业生根据岗位要求精准输出，可以突出自己在关键技能方面的优势，并提高自己在招聘过程中的竞争力。

（4）精准输出岗位所需的方法

▶ 仔细阅读岗位描述

高校毕业生应仔细阅读岗位描述，理解岗位的职责、技能和背景要求，了解企业对人才的期望，从而精准输出自己的优势。

▶ 分析关键词

高校毕业生应分析岗位描述中的关键词和短语，关注重点技能和经验要求，并在简历和面试中使用类似的关键词，使自己更符合企业的需求。

▶ 准备相关案例

高校毕业生应根据岗位需求准备相关的案例和经验，在面试过程中展示自己的技能和经验。

▶ 自我定位

高校毕业生应根据精确的岗位需求厘清自己在职业领域中的定位，确定自己适合的岗位类型和发展方向。

（5）在求职材料中厘清自身优势并精准输出岗位所需

▶ 简历

· 突出关键技能：根据目标岗位的需求，将自己的关键技能和能力放在简历的突出位置，使招聘者一目了然。

· 强调实习和项目经验：将实习和项目经验与目标岗位的

职责和要求对应起来，详细描述自己在这些经历中取得的成就。

- 量化成果：使用数据量化自己的成就，如节省成本、提高效率、增加销售额等，以证明自己的能力和影响力。

▶ 求职信

- 针对性介绍：在求职信中，根据目标岗位的需求，重点介绍自己与该岗位相关的经验、技能和成就。

- 展示了解和热情：表达对该岗位和企业的了解，并展示自己对该岗位的热情和动力，说明为什么自己是最适合的候选人。

▶ 面试准备

- 研究企业：在面试前，仔细研究目标企业的文化、价值观、产品和服务等信息。

- 根据岗位需求准备答案：针对目标岗位的职责和需求，准备与其相关的答案，并用具体的案例和经验佐证。

- 展示适应能力：通过在面试中展示自己适应新环境的案例，向招聘者表示自己具备快速适应和成长的能力。

▶ 自我推销

- 利用网络平台：通过社交媒体、专业平台和个人网站等，展示自己的优势和能力，积极与行业专家、潜在雇主建立联系。

- 个人品牌建设：在个人简介、自我介绍和面试中，强调自己的核心优势和个人品牌，形成独特的职业形象。

对于高校毕业生来说，在网申过程中厘清自身优势并精准输出岗位所需至关重要，这可以提高个人的竞争力和岗位匹配度。高校毕业生要想厘清自身优势，就应该进行自我评估、请教他人意见、进行 SWOT 分析和思考过去的成功经历；要想精准输出岗位所需，就要仔细阅读岗位描述、分析关键词、准备相关案例和进行自我定位。通过厘清自身优势和精准输出岗位所需，高校毕业生可以在网申过程中更好地展示自己的能力和价值，增加就业机会。

网申客观题和主观题的应对策略

在高校毕业生求职过程中，网申是最常见的申请方式之一。网申中通常包含客观题和主观题，合理、有效地回答这些问题是获得面试机会的重要环节。本节为高校毕业生介绍在网申中客观题和主观题的作答技巧和注意事项。

（1）客观题的作答技巧和注意事项

▶ 仔细阅读问题

在回答客观题之前，高校毕业生应该认真阅读问题，理解问题的要求和意图。

▶ 提供简明扼要的回答

客观题通常要求简明扼要地回答，高校毕业生应避免赘述，在回答时可以采用简洁的语言，重点回答问题的核心。

▶ 提供具体实例

对于需要举例说明的客观题，高校毕业生应提供具体的实例。例如，当被问及具体技能或经验时，可以列举相关的项目、实习或课程经历。

▶ 关注关键词和要求

高校毕业生在回答客观题时，要关注问题中的关键词和要求，根据要求提供相应的答案，避免偏离主题。

▶ 注意语言表达和格式

高校毕业生在回答客观题时，要注意语言表达的准确性和规范性，避免拼写错误、语法错误和不清晰的表达，并且按照要求的格式填写答案。

（2）主观题的作答技巧和注意事项

▶ 分析问题要求

在回答主观题之前，高校毕业生应仔细分析问题要求，理解问题背后的意图和需要回答的方面。

▶ 结构化回答

主观题的回答可以采用结构化的方式，即明确的开头、主体和结尾。开头可以概述回答的主题和关键点，主体部分可以展开详细论述，结尾可以总结回答的要点。

▶ 利用 STAR 法则

对于需要描述经验或解决问题的主观题，高校毕业生可以运用 STAR 法则来组织回答。STAR 法则是一种用于面试和求职过程中回答问题的方法，它是一个缩写，分别代表 Situation（情境）、Task（任务）、Action（行动）和 Result（结果）。通过运用 STAR 法则，高校毕业生在应聘时可以提供有逻辑和可量化的答案，以展示自己的能力和成就。具体步骤是先描述情境和任务，接着说明采取的行动和措施，最后强调结果和成就。

▶ 展示个人能力和经验

主观题是展示自己能力和经验的机会，高校毕业生可以结合自己的实习、项目经历、课外活动等，提供具体的案例和成就来回答问题。

▶ 自我评价的平衡

在回答主观题中涉及的自我评价时，高校毕业生需要保持客观的态度，强调自己的优点和成就，同时要诚实地认识到自己的不足并提出改进计划。

▶ 突出与岗位的匹配

在回答网申问题时，高校毕业生要始终将焦点放在岗位要求和自身能力的匹配上，根据岗位描述和职责，突出自己具备的技能、知识及经验，并强调如何能够贡献于该岗位。

▶ 避免模板化回答

虽然高校毕业生在准备回答网申问题时可以预先准备一些

思路和案例，但是也应避免模板化回答。每个公司和岗位都有其独特性，高校毕业生需要根据具体情况进行调整。

总而言之，在网申过程中，高校毕业生需要妥善回答客观题和主观题，以展示自己的能力和适应性。回答客观题时要简洁明了，用具体的实例支持，并关注关键词和要求；回答主观题时要分析问题要求、结构化回答，利用 STAR 法则，展示个人能力及经验。此外，无论是客观题还是主观题，高校毕业生都要注意语言表达的准确性、逻辑的清晰性和格式的规范性。同时，一定要注意避免模板化回答，重视岗位匹配度。通过运用这些技巧和注意事项，高校毕业生可以提高自己的回答质量，增加获得面试机会的可能性。

第 5 章

备战笔试，学习技巧更重要

差异性备考是制胜关键

在求职过程中，笔试是企业筛选人才的重要环节之一。在面对不同类型的企业，如央国企、互联网企业、金融企业、外企、初创企业时，针对不同的笔试内容和要求，差异性备考成了高校毕业生实现求职制胜的关键。

差异性备考是指根据企业的类型和特点，有针对性地准备笔试内容。为何要进行差异性备考呢？

（1）显示对企业的了解

差异性备考要求高校毕业生对目标企业进行深入研究和了解。通过了解企业的发展历程、核心价值观和业务特点，高校毕业生能够在笔试中更好地回答与企业相关的问题，展现对企业的热情和认同。

（2）符合企业的核心能力要求

不同类型的企业对人才的核心能力要求各不相同。央国企通常注重稳定性和行政能力，互联网企业追求创新和团队合作，金融企业注重分析能力和风险意识，外企看重国际视野和跨文化沟通能力，初创企业关注创业精神和适应能力。针对不同类型企业的备考，高校毕业生可以突出自己符合企业核心能力要求的优势。

（3）体现个人的专业素养

差异性备考有助于高校毕业生展示自己在专业领域的素质和能力。例如，金融企业的笔试可能涉及财务知识和分析能力，互联网企业的笔试可能要求编程技能和项目管理经验。通过有针对性地准备，高校毕业生可以在笔试中展现自己的专业素养。

那么，如何准备不同类型企业的笔试呢？

（1）央国企

央国企一般注重高校毕业生的稳定性和行政能力。高校毕业生在备考过程中可以关注以下几个方面。

- 法律法规和政策知识：央国企通常受到政府监管，了解相关的法律法规和政策对高校毕业生备考笔试有帮助。

- 行政能力：央国企在行政管理方面较为注重，高校毕业生可以了解相关的行政管理知识，并通过模拟练习提升行政能力。

- 经典案例：央国企往往有一些经典案例，了解并分析这些案例有助于高校毕业生在笔试中回答相关问题。

（2）互联网企业

互联网企业注重员工的创新能力和团队合作精神。以下是笔者对高校毕业生备考互联网企业笔试提出的一些建议。

- 技术知识：互联网企业对技术人才的需求较高，高校毕业生可以重点准备与所申请岗位相关的编程语言、数据结构和算法等技术知识。

- 项目经验：互联网企业对项目经验的要求较高，高校毕业生可以通过参与开源项目、校园实践或实习项目积累相关经验，并在笔试中进行展示。

- 团队合作能力：互联网企业强调团队合作，高校毕业生可以通过参与团队项目、社团活动等方式提升自己的团队合作能力。

（3）金融企业

金融企业较为看重员工的分析能力和风险意识。以下是笔者对高校毕业生备考金融企业笔试提出的一些建议。

- 金融知识：高校毕业生可以关注金融领域的最新动态，了解金融产品、市场和风险管理等方面的知识，并通过大量做题提升自己的理论水平。

- 数据分析能力：高校毕业生可以学习相关的数据分析工具和方法，并通过实践项目提升自己的数据分析能力。

- 风险意识：金融企业注重风险控制，高校毕业生可以通过了解风险管理原则和方法，思考并准备相关问题的答案。

（4）外企

外企对员工的国际视野和跨文化沟通能力有较高的要求。以下是笔者对高校毕业生备考外企笔试提出的一些建议。

- 跨文化沟通能力：高校毕业生可以通过参加国际交流项目、英语角等活动提升自己的跨文化沟通能力，并在笔试中通过案例分享自己的实际经验。
- 外语能力：外企通常要求应聘者具备流利的英语沟通能力，高校毕业生可以准备英语面试题目，提前熟悉常见的英语面试技巧和表达方式。
- 国际视野：高校毕业生可以通过学习国际贸易、国际市场等课程，了解全球经济形势和市场趋势，展现自己对国际视野的理解。

（5）初创企业

初创企业较为看重员工的创业精神和适应能力。以下是笔者对高校毕业生备考初创企业笔试提出的一些建议。

- 创新思维：初创企业追求创新和突破，高校毕业生可以通过关注创新理念和方法，提升自己的创新思维能力。
- 适应能力：初创企业往往面临变化和不确定性，高校毕业生可以通过参与创业项目、实习经历等展示自己的适应能力和抗压能力。

- 商业理解：了解初创企业的商业模式和市场定位，并通过解决实际问题的案例展示自己的商业理解能力。

在高校毕业生求职笔试中，差异性备考是制胜的关键。高校毕业生根据企业的类型和特点有针对性地准备笔试内容，可以更好地展示自己的优势。通过差异性备考，高校毕业生可以提升自己在笔试中的竞争力，增加获得理想工作的机会。因此，差异性备考在高校毕业生求职中具有重要意义。

那么，高校毕业生应该怎样实现差异性备考呢？笔者认为可以按照以下 8 点要求进行具体操作。

（1）研究目标企业

深入了解目标企业的行业特点、核心价值观、发展战略等，通过查阅企业官网、新闻报道和行业研究报告等渠道获取关于企业的详细信息。

（2）分析岗位要求

针对目标岗位的职责和要求整理出笔试会考察的知识点和任职者应具备的关键能力，以便有针对性地备考。

（3）收集备考资料

根据对目标企业和岗位的分析，收集相关的备考资料，包括行业教材、案例分析、模拟试题等。

（4）制定备考计划

根据笔试时间和自身时间安排，制定一个合理的备考计划，将备考时间合理分配给不同的知识点和技能，确保全面而高效地准备笔试。

（5）系统学习与提升

根据岗位要求和备考计划，系统学习和提升相关的知识及技能。高校毕业生可以通过参加线上课程、阅读专业书籍、参与实践项目等方式，不断提升自己的能力。

（6）模拟练习

针对不同类型的企业进行相关题目的模拟练习，有助于熟悉不同类型的题目和解题思路，并提升应对考试压力的能力。

（7）参与讨论和交流

积极参与相关领域的讨论和交流，与同行、专家或老师进行互动，有助于拓宽视野、提升专业素养，同时也可以获取一些宝贵的备考建议和经验分享。

（8）自我评估和调整

定期进行自我评估，发现自身的薄弱环节，并进行针对性的调整。通过不断反思和改进，提高备考效果和竞争力。

在这里，笔者想对大家说，差异性备考是成功求职的关键之一，同学们需要投入足够的时间和精力，为顺利通过笔试打下坚实的基础。

行测的笔试技巧

在很多企事业单位的招聘中，行测对高校毕业生具有一定的挑战性。为了帮助高校毕业生在行测笔试中取得好成绩，本节分享一些行测的笔试技巧，旨在帮助高校毕业生找到心仪的工作。

行测是行政职位笔试的重要组成部分，其内容主要包括言语理解与表达、判断推理、数量关系、资料分析等方面，通常用于考察应聘者的语言文字能力、逻辑思维能力、数学基础和数据分析能力等。在很多企事业单位的招聘中，行测往往是初步筛选的关键环节。

那么，高校毕业生需要掌握哪些行测笔试的技巧呢？笔者给出以下8点建议。

（1）了解考试要求和考试内容

在参加行测笔试前，高校毕业生要充分了解考试要求和考试内容，获取相关考试大纲和样题，了解各个部分的权重和题型特点。这有助于高校毕业生有针对性地进行备考。

（2）提升语言文字能力

言语理解与表达是行测的重要内容之一。为了提升语言文字能力，高校毕业生可以从以下方面入手。

- 多读多写：通过阅读报纸、杂志、图书等提升阅读理解能力，通过写作提升表达能力。

- 积累词汇：扩大词汇量，掌握常见词汇的含义和用法，以便在填空题、阅读理解等题型中运用自如。

- 练习解析文章：学会解析文章，抓住文章的主旨和要点，提高阅读理解和信息提取能力。

（3）培养逻辑思维能力

判断推理是行测的重要内容之一，要求应聘者具备较强的逻辑思维能力。以下是培养逻辑思维能力的几个措施。

- 学习逻辑知识：了解逻辑思维的基本原理和规则，学习常见的逻辑推理方法。
- 多做逻辑题：大量做题是提升逻辑思维能力的有效方法，通过做大量的逻辑题，熟悉题型特点和解题思路。
- 练习分析与推理：在日常生活中培养分析问题和推理的能力，提高思维敏捷度和逻辑思维能力。

（4）提升数学基础和数据分析能力

数量关系和资料分析是行测的另外两个重要内容。以下是提升数学基础和数据分析能力的几个建议。

- 复习数学知识点：复习基础数学知识，包括比例、百分比、利率、平均数、概率等。
- 解决实际问题：将数学知识应用于解决实际问题，如财务分析、数据统计等，培养数学思维和数据分析能力。
- 练习数据分析题：大量做题时重点练习数量关系和资料分析题目，熟悉题型和解题思路。

（5）制定合理的备考计划

备考过程中，高校毕业生需要制定合理的备考计划，考虑到自身的时间安排和能力水平，将备考时间合理分配给不同的知识点和题型；坚持每天复习和练习，保持持续的学习动力和备考状态。

（6）大量做题和模拟练习

大量做题和模拟练习是行测备考的重要环节。通过大量做题，高校毕业生可以熟悉题型和解题思路，提高解题速度和准确性。模拟练习可以让高校毕业生适应考试环境和压力，提前感受考试的氛围，找到自己的不足，并进行针对性的改进。

（7）时间管理

高校毕业生需要学会合理分配时间，根据题目的难易程度合理安排答题顺序。

（8）注意审题和检查

仔细阅读题目，理解题目的要求和条件，避免因为粗心而产生错误；要预留时间以便在完成答题后对答案进行检查。检查可能帮助答题者发现一些不易察觉的错误，提高答题的准确性。

通过充分了解考试要求和内容，提升语言文字能力、逻辑思维能力、数学基础和数据分析能力，制定合理的备考计划，大量做题和模拟练习，以及落实高效备考的注意事项，高校毕业生可以在行测笔试中取得好成绩，增加获得心仪工作的机会。

然而，行测的笔试技巧只是成功求职的一部分，综合素质的提升和全面准备才能为高校毕业生的就业之路奠定坚实的基础。那么，高校毕业生需要如何应对不同类型企业的行测笔试呢？

（1）央国企

央国企注重考察应聘者的综合素质和能力，高校毕业生在备考央国企的行测笔试时可以注意以下几点。

- 重点准备数量关系和资料分析题型，注重数学基础和数据分析能力的提升。
- 多关注宏观经济、政策法规等方面的知识，了解国家经济形势和相关政策。
- 注重培养行文逻辑和语言文字能力，提高对复杂文章的阅读理解和信息提取能力。

（2）互联网企业

互联网企业在行测笔试中注重考察应聘者的创新思维和解决问题的能力，高校毕业生在备考互联网企业的行测笔试时可以注意以下几点。

- 注重判断推理题型的准备，培养较强的逻辑思维和推理能力。
- 关注互联网行业的最新动态和发展趋势，了解互联网企业的运营模式、商业模式和创新理念。
- 提升语言文字能力，注重信息的简洁表达和逻辑清晰。

（3）金融企业

金融企业的行测笔试对高校毕业生的数学能力和金融知识要求较高，高校毕业生在备考金融企业的行测笔试时可以注意以下几点。

- 复习与金融相关的数学知识，如利率、复利、财务分析等。
- 学习和了解金融市场、金融产品、金融法规等方面的知识。
- 注重数量关系和资料分析题型的准备，提高对数据分析和资料解读的能力。

（4）外企

外企在行测笔试中通常注重考察应聘者的语言能力、跨文化沟通能力和解决问题的能力，高校毕业生在备考外企的行测笔试时可以注意以下几点。

- 提升英语水平，特别是阅读理解和语言表达能力。
- 注重培养行文逻辑和语言文字能力，准备英语的填空和阅读理解题型。
- 了解外企的文化背景、核心价值观和国际商务知识，掌握跨文化沟通技巧。

（5）初创企业

初创企业在行测笔试中更加注重考察应聘者的创新思维、

解决问题的能力和适应能力，高校毕业生在备考初创企业的行测笔试时可以注意以下几点。

- 培养创新思维和解决问题的能力，准备推理判断题和数量关系题。
- 关注创业、创新和科技等领域的最新发展，了解初创企业的商业模式和创新理念。
- 注重培养语言文字能力，能够将信息表达得足够准确。

申论的笔试技巧

作为招聘考试的重要组成部分，申论对于高校毕业生求职具有重要意义。它不仅是评估应聘者综合素质和能力的重要方式，也是考察其逻辑思维、表达能力和问题解决能力的重要途径。在备考申论笔试时，高校毕业生需要掌握一些技巧和方法，以提高自己的应试能力和竞争力。本节介绍一些申论的笔试技巧，帮助高校毕业生在申论笔试中取得优异的成绩。

首先，高校毕业生需要了解申论考试的特点和要求。

（1）了解题型和考察内容

申论考试一般包括论述题和应用文写作题两部分。论述题要求应聘者对某个问题进行分析和论述，阐述自己的观点和思路；应用文写作题则要求应聘者根据特定的情境撰写一篇实用性较强的文章，如议论文、说明文、报告等。

（2）把握评分标准和要求

了解申论考试的评分标准和要求是备考的关键。一般来说，申论考试注重考察应聘者的逻辑是否严密、观点是否清晰、文字是否流畅、表达是否准确等方面。高校毕业生需要熟悉评分标准，明确自己的写作目标，以便有针对性地提升自己的写作水平。

高校毕业生如何才能提高申论写作能力呢？笔者给出了 5 种方法。

（1）培养良好的写作习惯

良好的写作习惯是提高申论写作能力的基础。高校毕业生可以多读优秀的文章，积累写作素材，提高语言表达能力；同时要多进行模拟写作练习，逐渐提升自己的写作能力。

（2）提炼论点和构建逻辑框架

在论述题中，高校毕业生需要清晰、明确地提炼自己的论点，并围绕论点展开逻辑论证。在写作过程中，要注意提炼论据和例证，合理运用逻辑连接词，使文章结构清晰、逻辑严密。

（3）注重论证和论据的充实性

申论考试强调论证的充实性，高校毕业生需要提供充足的论据和例证支持自己的观点，可以通过事实数据、专家观点、实例引用等方式增强论证的可信度和说服力。

（4）注意语言表达的准确性和流畅性

申论考试对语言表达的准确性和流畅性有一定的要求，高校毕业生在写作过程中要注意语法、词汇的准确性，避免使用含糊不清的表达方式；同时要注意段落衔接和语言流畅，使文章的整体结构和篇章逻辑更紧密。

（5）控制篇幅和时间管理

在申论笔试中，篇幅控制是一个需要注意的问题。高校毕业生需要合理控制字数，不要过多或过少；同时要留出时间进行修改和润色，及时发现疏漏和错误并改正。

申论能力的提升需要同学们日常的积累与练习。笔者给出以下4点备考策略和实践建议，希望同学们可以谨记于心。

（1）制定合理的备考计划

备考申论笔试需要制定合理的备考计划，高校毕业生可以根据自身情况和考试时间合理安排每天的备考时间及内容；结合大量做题、模拟写作、查漏补缺等方式，全面提升自己的申论写作能力。

（2）多进行模拟演练和练习

高校毕业生可以多进行模拟演练和多做练习题，以便熟悉题型、提升解题速度。大家可以选择一些经典的申论题目进行针对性的练习，在积累素材的同时形成优秀的表达方式。

（3）阅读提升和素材积累

申论写作离不开对社会、经济、政治等方面的了解，高校毕业生可以通过广泛阅读新闻、图书、期刊等积累相关的知识和素材，为写作提供充分的支持和参考。

（4）寻求指导和反馈

备考申论笔试时，高校毕业生可以寻求专业的指导，例如，向老师、培训机构或资深应试者请教；同时注重接受他人的反馈和意见，不断改进和提升自己的写作水平。

申论考试的话题涵盖社会、经济、文化等领域的热点问题。在面对这些话题时，高校毕业生可以采取以下策略作答。

（1）社会类话题和热点问题

- 分析问题背景和现状：理解问题的背景和社会现状，包括社会现象、社会问题的原因和影响等，通过对问题的分析建立自己的观点。

- 多角度思考和论证：针对社会问题，高校毕业生可以从多个角度进行思考和论证，从社会、经济、政治、文化等方面分析问题，提出不同的观点和解决方案。

- 运用相关数据和事实：在作答时，高校毕业生可以运用相关的数据和事实支持自己的观点。这些数据可以是统计数据、调查结果、专家观点等，有助于提升论证的可信度和说服力。

- 引用案例和实际经验：高校毕业生可以引用相关的案例和实际经验支持自己的论述，通过具体的实例更加生动地展示问题的本质和解决途径。

（2）经济类话题和热点问题

- 理解经济背景和趋势：了解经济背景和发展趋势，包括经济政策、市场形势、产业结构调整等。理解这些因素对经济问题的影响，有助于在作答过程中展开深入的分析和论述。

- 运用经济理论和知识：在作答过程中，高校毕业生可以运用经济学原理和知识分析问题；可以结合供求关系、成本收益、市场结构等经济学概念，从经济学角度提出自己的观点和解决方案。

- 关注经济政策和改革：经济问题通常涉及政府的政策和改革措施，高校毕业生可以关注当前的经济政策和改革方向，从政策层面分析问题，提出建设性的意见和建议。

- 考虑利益相关方和可行性：在作答时，高校毕业生需要考虑利益相关方的观点和诉求，并思考解决问题的可行性。综合考虑不同利益相关方的利益平衡和可行性，提出综合性的解决方案。

（3）文化类话题和热点问题

- 理解文化特点和影响：了解不同文化的特点和对社会的影响，包括文化多样性、文化认同、文化传播等。理解这些因素有助于高校毕业生对文化问题进行深入的分析和评述。

- 关注文化交流和互动：在全球化的背景下，文化交流变得越来越重要。高校毕业生可以关注文化交流的机制、形式和影响，从跨文化的角度分析问题，提出自己的见解和建议。

- 探讨文化产业发展：文化产业在现代社会中具有重要地位，高校毕业生可以关注文化产业的发展趋势和问题，提出对文化产业可持续发展的思考和建议。

- 尊重文化差异和多元性：在作答时，高校毕业生需要尊重不同文化之间的差异和多元性，注意包容性，避免过于主观或片面的观点。

在面对社会、经济、文化等领域的话题和热点问题时，同学们需要分析问题背景和现状，多角度思考和论证，运用相关的数据和事实，引用案例和实际经验支持自己的观点；要注意经济类话题中的经济理论和知识运用，以及文化类话题中的文化特点和文化交流等因素。通过合理的分析和深入的思考，同学们可以展现对问题的全面理解和独到见解，从而在申论考试中脱颖而出。

性格测试是笔试的重要环节

性格测试在招聘过程中扮演着重要的角色，它可以帮助企业了解应聘者的性格特点，评估其是否适合特定的岗位和企业文化。对于高校毕业生来说，理解不同类型企业的性格测试要求并灵活应对，是找到心仪工作的关键。本节为同学们提供性格测试的应聘技巧，帮助大家在性格测试中脱颖而出。

（1）央国企和公务员系统的性格测试

央国企和公务员系统通常注重考察应聘者的稳重、责任心、团队合作等特质，高校毕业生在面对这类企业和单位的性格测试时可以采取以下策略。

▶ 准备充分

高校毕业生应提前了解这类企业和单位的文化、价值观及岗位的职责与要求，根据这类企业和单位的特点调整自己的回答及表现，展示稳重、责任心、团队合作等积极的性格特质。

▶ 体现自信和沉稳

在性格测试中，展现自信和沉稳的态度很重要。高校毕业生在回答问题时要思考清楚，表达时要语速适中、声音稳定，展现成熟、可靠的形象。

▶ 强调团队合作和领导能力

央国企和公务员系统注重团队合作和领导能力。在性格测试中，高校毕业生应强调自己具备良好的团队合作能力和领导潜力，举例说明过去的团队合作经验和领导实践。

▶ 体现细致和严谨

这类企业和单位注重细致与严谨的工作态度。高校毕业生可以在性格测试中强调自己注重细节，善于分析和处理复杂情况，展现严谨的工作风格。

（2）互联网企业的性格测试

互联网企业的性格测试通常更加注重考察应聘者是否具备创新、适应性、团队协作等特质，高校毕业生在面对互联网企业的性格测试时可以采取以下策略。

▶ 展示创新思维和适应能力

互联网企业重视应聘者的创新能力和适应能力。在性格测试中，高校毕业生可以通过分享自己的创新经历、解决问题的方法和思维方式，展现自己的创新潜力和适应性。

▶ 强调团队协作和沟通能力

互联网企业注重团队协作和沟通能力。在性格测试中，高校毕业生可以强调自己具备良好的团队协作和沟通技巧，举例说明过去的团队合作经验和卓越的沟通能力。

▶ 表现开放和积极的态度

互联网企业倡导开放、积极的工作态度。在性格测试中，高校毕业生可以表现自己具备开放的思维和积极的工作态度，展现对新事物的接受能力和对挑战的积极应对能力。

▶ 强调自主学习和持续进步

互联网企业重视应聘者的自主学习和持续进步能力。在性格测试中，高校毕业生可以强调自己具备主动学习的意愿和能力，并举例说明如何通过学习不断提升自己。

（3）初创企业的性格测试

初创企业通常希望录用具备创业精神、适应能力和自我驱动力的应聘者，高校毕业生在面对初创企业的性格测试时可以采取以下策略。

▶ 展示创业精神和冒险精神

初创企业看重应聘者具备的创业精神和冒险精神。在性格测试中，高校毕业生可以分享自己的创业经历、敢于尝试新事物的经历，并展现对未知的勇气和乐观态度。

▶ 强调适应能力和自我驱动力

初创企业需要应聘者具备适应能力和自我驱动力，能够在不确定和快速变化的环境中自我调整。在性格测试中，高校毕业生可以强调自己适应变化的能力和自我驱动的精神，举例说明过去的经历和成就。

▶ 表现热情和积极的态度

初创企业希望招聘热情、积极的人才。在性格测试中，高校毕业生可以表现自己对工作的热情和对挑战的积极态度，展现自己具备积极解决问题和迎接挑战的能力。

▶ 强调团队合作和多元思维

初创企业重视团队合作和多元思维。在性格测试中，高校毕业生可以强调自己具备良好的团队合作能力和多元思维，能够与不同背景的人合作，共同创造价值。

在面对不同类型企业的性格测试时，高校毕业生需要理解企业的文化和特点，灵活调整自己的回答和表现。对于央国企和公务员系统，高校毕业生应强调稳重、责任心和团队合作等特质；对于互联网企业，应突出创新、适应性和团队协作等特质；对于初创企业，应展现创业精神、适应能力和自我驱动力等特质。通过合适的应对策略，高校毕业生可以在性格测试中展现与企业、岗位相匹配的性格特点，提升自己的竞争力，进而找到心仪的工作。

笔试经验很重要，搜集信息更重要

在求职过程中，搜集历年笔试真题和借鉴已成功应聘者的经验，对于高校毕业生的笔试准备至关重要。本节为同学们提供寻找历年笔试真题和经验分享的攻略，并介绍如何利用小红书、知乎、牛客网、应届生求职网和"求职岛"微信小程序等平台查找笔试经验。

（1）寻找历年笔试真题

▶ 小红书的使用方法

- 在小红书的搜索栏中输入相关关键词，如企业名、岗位名、笔试、真题等。
- 关注和加入与求职相关的话题及社群，查找相关笔试经验分享的帖子。
- 参与小红书上的求职交流群组，与其他求职者互相分享和交流笔试经验。

▶ 知乎的使用方法

· 在知乎的搜索栏中输入相关关键词，如企业名、岗位名、笔试、真题等。

· 关注与求职相关的专栏和话题，查找相关笔试经验分享的文章和回答。

· 加入与求职相关的讨论群组，与其他求职者交流经验。

▶ 牛客网的使用方法

· 访问牛客网的求职板块，查找企业笔试面经和真题分享区。

· 输入关键词进行搜索，如企业名、岗位名、笔试、面经等。

· 关注牛客网上的企业内推活动和笔试面试经验分享的帖子。

▶ 应届生求职网的使用方法

· 访问应届生求职网的笔试面试板块，查找相关企业的笔试面经。

· 输入关键词进行搜索，如企业名、岗位名、笔试、面经等。

· 加入相关企业的官方交流群组，获取更多笔试经验和资源。

▶"求职岛"小程序的使用方法

· 打开微信，搜索"求职岛"小程序。

· 在"求职岛"小程序里找到人脉广场板块。

- 在人脉广场里有很多知名企业的笔试经验可供同学们参考。

（2）借鉴应聘成功者的经验分享

▶ 在社交媒体平台上寻找经验分享

- 关注与求职相关的微信公众号和个人账号，查找应聘成功者的经验分享。
- 搜索相关关键词，如面试经验、笔试攻略、求职经历等。
- 参与和求职相关的群组及社区，与其他求职者交流经验并获取建议。

▶ 在招聘网站上查看面试评价和面试经验

- 在招聘网站的企业评价板块查看其他求职者对企业笔试和面试的评价及经验分享。
- 阅读面试评价和面试经验帖子，了解其他应聘者的面试过程和问题类型。

▶ 参与求职论坛和交流平台

- 加入求职论坛和交流平台，如牛客网、"求职岛"微信小程序等。
- 参与讨论和交流，与其他求职者分享经验并获取建议。
- 注意论坛的规范和信任度，筛选有价值的经验分享和信息。

▶ 寻找校友和同学的经验分享

· 借助学校校友网络、校友群组等渠道，联系已经进入目标企业或类似岗位的校友和同学。

· 询问他们的求职经验，包括笔试准备和应试技巧。

· 寻找他们的建议和指导，了解企业自命题的特点和痛点。

总而言之，寻找历年笔试真题和借鉴应聘成功者的经验分享，对于高校毕业生的求职准备至关重要。通过利用小红书、知乎、牛客网、应届生求职网、"求职岛"微信小程序等平台，高校毕业生可以轻松获取历年笔试真题和宝贵的经验分享。同时，积极参与社交媒体平台、招聘网站、求职论坛和校友网络，与其他求职者交流和分享经验，也能够帮助同学们更全面地准备笔试，提高求职成功的机会。

第 6 章

面试环节是高校毕业生
拿到录用通知的重中之重

锁定角色，在无领导小组面试中脱颖而出

面试是高校毕业生求职过程中最重要的环节之一。对于没有笔试考核的企业而言，面试是决定高校毕业生能否拿到录用通知的环节。在无领导小组面试中，高校毕业生通常需要扮演不同的角色，如提出框架者、总结发言者和计时人员等。在这些角色中，提出框架者通常更容易脱颖而出，并在无领导小组面试中取得高分。本节探讨如何在无领导小组面试中锁定角色，从而脱颖而出，最终获得求职机会。

（1）了解无领导小组面试

在面试前，高校毕业生首先要了解无领导小组面试的基本概念和目的。无领导小组面试是一种考察求职者在集体讨论中的沟通、协作和领导能力的面试形式。在无领导小组面试中，面试官将求职者分为小组，每个小组中没有明确的领导者，成员需要共同合作完成给定的任务或问题。在这个过程中，每个小组成员都有机会发挥自己的才能，并通过角色的表现展示自

己的能力。

（2）认识不同的角色

在无领导小组面试中，高校毕业生通常需要扮演不同的角色。以下是一些常见的角色及其特点。

▶ 提出框架者

提出框架者通常是小组讨论的引领者，他们负责整理和提出问题的框架，并引导小组成员进行讨论。他们需要具备良好的组织能力、逻辑思维和沟通能力。

▶ 总结发言者

总结发言者负责总结小组讨论的内容，并向面试官汇报。他们需要能够准确理解小组成员的观点和意见，并将其整合成一份清晰、简洁的总结发言。

▶ 计时人员

计时人员负责控制小组讨论的时间，确保讨论在规定的时间内进行。他们需要有良好的时间管理能力和注意力。

（3）选择合适的角色

在无领导小组面试中，选择适合自己的角色是非常重要的。高校毕业生要根据自己的特长和能力选择最适合的角色，以便在讨论中充分展示自己的优势。例如，如果你善于组织和引导讨论，可以选择扮演提出框架者的角色；如果你善于总结和表达，可以选择扮演总结发言者的角色；如果你擅长管理时间，可以选择扮演计时人员的角色。选择合适的角色能够提高你在无领导小组面试中的竞争力。

（4）展示自己的能力

无论选择哪个角色，都需要展示自己的能力和潜力。以下是一些展示自己优势的方法。

▶ 提出有针对性的问题

作为提出框架者，你可以通过提出有针对性的问题引导讨论，展示你的逻辑思维和组织能力。

▶ 发言时展示清晰的逻辑

作为总结发言者，你需要能够准确理解小组成员的观点并将其整合成一份清晰、简洁的总结发言。这样能够展示你的逻辑思维和表达能力。

▶ 管理时间和注意力

作为计时人员，你需要确保讨论在规定的时间内进行，并集中小组成员的注意力。这样能够展示你的时间管理和注意力控制能力。

（5）面试前的准备工作

在无领导小组面试前，充分的准备工作是至关重要的。以下是一些准备工作的建议。

▶ 研究企业和岗位

了解企业的背景、价值观和业务领域，以及你应聘的岗位所需要的技能和特点，这样可以帮助你更好地理解面试的内容和要求。

▶ 练习组织和引导讨论

作为提出框架者的角色，练习组织和引导讨论非常重要。你可以通过模拟面试或与朋友进行讨论来提升自己的组织和引导能力。

▶ 提前准备问题和观点

无论你选择哪个角色，提前准备一些问题和观点都是有帮助的，这样可以在面试时更加自信地提出问题或表达自己的意见。

（6）面试中的表现技巧

在无领导小组面试中，除了角色的选择和展示能力以外，还有一些表现技巧可以帮助你脱颖而出。

▶ 积极参与讨论

积极参与讨论并表达自己的观点，展现你的积极性和主动性。与小组成员进行有意义的互动，展示你的团队合作精神。

▶ 倾听和尊重他人

重视他人的观点和意见，倾听并尊重他人的发言，展示你的团队协作和沟通能力，并表现出你具备领导者的潜力。

▶ 清晰表达和总结

无论你是提出框架者还是总结发言者，都要注意清晰表达和总结讨论的内容，使用简洁明了的语言，确保自己的观点能够被其他人理解和接受。

（7）面试后的反思和改进

无论面试结果如何，都要进行面试后的反思和改进。以下是笔者给出的一些建议。

▶ 总结经验和教训

回顾自己在面试中的表现，总结经验和教训，找出自己的优势及不足，并思考如何改进和提升。

▶ 寻求反馈和建议

如果有机会，可以向面试官或其他参与者寻求反馈和建议。他们的反馈和建议可以帮助你了解自己的不足之处，并在下一次面试中改进。

▶ 持续学习和提升

面试只是求职过程中的一环，持续学习和提升自己的能力是长久发展的关键。高校毕业生应通过学习和实践，不断提高自己的沟通、领导和团队合作能力。

（8）应对挑战和解决问题

高校毕业生在无领导小组面试中可能会遇到一些挑战和问题，以下是一些应对挑战并解决问题的建议。

▶ 处理分歧和冲突

讨论中可能会出现不同的观点和意见，甚至产生分歧和冲突。在这种情况下，保持冷静并尊重他人的意见是很重要的。你可以通过有效的沟通和协商解决分歧。

▶ 管理时间和讨论进度

作为计时人员或提出框架者，你需要管理好讨论的时间和进度。确保讨论在规定的时间内进行，并引导小组成员按照进度展开讨论。合理分配时间，让每个成员都有机会表达自己的观点。

> ▶ 处理紧张和压力

面试可能会带来一定的紧张情绪和压力。在面对这些情绪时，保持冷静和自信是至关重要的。尝试进行深呼吸和积极的自我暗示，放松身心，集中注意力，并专注于讨论的内容。

（9）重要的注意事项

> ▶ 尊重他人和团队合作

在讨论中要尊重他人的观点和意见，并展现良好的团队合作精神。遵守讨论规则和礼仪，不打断他人发言，倾听他人的观点，并与小组成员合作解决问题。

> ▶ 注意非语言表达

除了语言表达外，非语言表达也是重要的。高校毕业生应保持良好的姿态和面部表情，积极参与讨论，展示自信和专业形象。

> ▶ 注意时间管理

如果你是计时人员，请务必严格控制讨论的时间，确保每个小组成员都有充足的时间表达自己的观点，并及时结束讨论。

对于高校毕业生来说，无领导小组面试是一项具有挑战的任务，也是展示自己能力和才华的机会。通过选择合适的角色、充分准备和展示自己的能力，高校毕业生可以在无领导小组面试中脱颖而出，获得求职机会。关键在于保持自信和积极的态度，与小组成员建立良好的合作关系，并展示自己的团队合作与协调能力。通过持续学习、反思和改进，高校毕业生可以不断提升自己的能力，为未来的职业发展奠定坚实的基础。最重要的是相信自己的潜力和才华，相信自己能够在无领导小组面试中脱颖而出，最终斩获心仪企业的录用通知。

参加专业面试时要注意的三点

在专业面试中，招聘者会针对与应聘岗位相关的专业知识和技能进行深入讨论。为了在专业面试中表现优异，高校毕业生需要注意以下 3 个关键点。

（1）准备专业知识

▶ 深入研究企业和行业

了解企业的背景、业务模式和市场竞争情况，以及行业的发展趋势和挑战。这样可以帮助你更好地理解企业的需求和岗位的要求，从而在面试中更有针对性地展示自己的专业知识。

▶ 复习核心知识和技能

针对所应聘的岗位，复习相关的核心知识和技能，回顾课程资料、参考教材、行业报告等，加强对专业领域的理解和掌握。

▶ 解决案例和项目经验

准备一些与自己的专业领域相关的解决案例和项目经验，

这些案例和经验可以帮助高校毕业生回答招聘者的问题，展示自己的实际操作能力和解决问题的能力。

（2）展示实践经验和项目成果

▶ 强调实习和兼职经历

如果你有相关的实习或兼职经历，你就可以描述自己在实习或兼职中的职责和成就，以及获得的技能和经验，强调这些经历并与岗位要求相联系。

▶ 展示项目成果

如果你参与过相关的项目，你就可以详细介绍自己在项目中的角色和贡献，并强调项目取得的成果；讲述你在项目中面临的挑战和解决方案，以及你从中获得的经验和教训。

▶ 证书和奖项

如果你有相关的证书和奖项，就要提及它们并解释它们的重要性。这些证书和奖项可以作为你专业能力的有力证明，帮助你在专业面试中脱颖而出。

（3）展现良好的沟通能力和人际关系

▶ 清晰表达观点

在回答问题时，用清晰、简洁的语言表达你的观点和想法；避免使用过于专业化的术语，确保招聘者能够理解你的意思。

▶ 倾听并回应他人

在面试过程中，倾听面试官的问题并给予恰当的回应；展示你的理解能力和逻辑思维，与面试官进行有效的互动。

▶ 展现团队合作精神

强调你在团队项目中的合作经验，并说明你如何与他人合作解决问题，展示你的领导能力、协调能力和团队合作能力。

在不同行业的企业参加专业面试时，高校毕业生应该做好具体的准备工作。针对央国企、金融企业、互联网企业和传媒企业，笔者分别给出了以下建议。

央国企通常注重考察应聘者的专业素养和政策意识，高校毕业生在准备央国企的专业面试时可以采取以下措施。

- 研究行业政策和发展动态：了解央国企所属行业的政策法规、发展趋势和最新动态，关注行业的热点问题和挑战。

- 学习相关专业知识：深入学习央国企所属行业的专业知识，包括相关法规、政策、管理模式等；了解行业的特点、要求和发展方向。

- 分析企业核心业务：研究央国企的核心业务，了解企业的组织结构、运营模式和战略目标；准备一些与企业业务相关的案例和问题，展示自己的理解和分析能力。

金融企业在专业面试中注重考察应聘者的金融知识、分析能力和风险意识，高校毕业生在准备金融企业专业面试时可以采取以下措施。

- 学习金融基础知识：复习金融学的基础知识，包括金融市场、金融产品、投资理论等；了解金融行业的发展和变革。

- 关注金融热点问题：了解当前金融行业的热点问题，如数字货币、区块链、金融科技等；研究相关的政策法规和最新动态。
- 分析金融风险和挑战：研究金融市场的风险和挑战，了解风险管理和合规控制的重要性；准备一些与金融风险管理相关的案例和问题，展示自己分析和解决问题的能力。

互联网企业在专业面试中注重考察应聘者的技术能力、创新思维和团队合作能力，高校毕业生在准备互联网企业专业面试时可以采取以下措施。

- 提升编程和技术能力：熟悉常用的编程语言和开发工具，了解互联网技术的前沿动态；参与开源项目、编程比赛等，展示自己的编程能力和技术热情。
- 关注互联网创新和趋势：了解互联网行业的创新方向和发展趋势，如人工智能、大数据、云计算等；关注一些热门的互联网产品和服务，研究其商业模式和用户体验。
- 强调团队合作和项目经验：互联网企业非常注重团队合作和项目经验，高校毕业生应准备一些与团队合作和项目管理相关的案例及问题，展示自己的合作能力和项目管理经验。

传媒企业在专业面试中注重考察应聘者的传媒知识储备、创意能力和沟通能力，高校毕业生在准备传媒企业专业面试时可以采取以下措施。

- 学习传媒相关知识：了解传媒行业的基本知识和发展趋势，包括媒体形式、传媒理论、内容创作等；研究一些知名传媒企业的成功案例和行业趋势。

- 增强创意思维：培养创意思维和创作能力，准备一些与传媒创意相关的案例和问题，展示自己的创造力和独特视角。

- 发展沟通和表达能力：传媒企业非常注重沟通和表达能力，高校毕业生应加强口头和书面表达能力，提高演讲和撰写能力；准备一些与沟通和表达相关的案例及问题，展示自己的沟通能力和影响力。

所以，在不同行业的企业参加专业面试时，高校毕业生可以采取有针对性的准备措施。为了在专业面试中表现优异，高校毕业生需要准备充分的专业知识，展示实践经验和项目成果，以及展现良好的沟通能力。通过充分的准备和自信的表现，高校毕业生可以在专业面试中脱颖而出，为自己的求职之路开启成功的篇章！

打造独特性，在部门领导的压力面试中取得高分

在高校毕业生求职的过程中，面试是最重要的环节之一，

主管面试则是决定高校毕业生能否获得工作机会的关键。主管面试通常由部门领导或高级管理人员进行，他们会对应聘者的个人简历进行深入挖掘，以考察应聘者与岗位的匹配度。如何在主管面试中脱颖而出、取得高分成了高校毕业生追求的目标。本节介绍一些关键的策略和技巧帮助同学们在部门领导的压力面试中取得成功。

（1）充分准备，展现自信

▶ 深入了解岗位和企业

在面试前，高校毕业生应仔细研究目标企业的业务模式、市场地位、核心价值观等信息；还要了解岗位职责和要求，明确自己与岗位的匹配度，并在面试中有针对性地展示与之相关的知识和经验。

▶ 梳理个人简历和经历

主管面试通常围绕个人简历展开，因此高校毕业生要仔细梳理自己的简历和经历，思考每一个项目、实习或学生工作经历的亮点、成就和所学到的技能，以及如何与目标岗位的要求相联系。

▶ 自我评估和定位

在面试前，高校毕业生要进行自我评估和定位，明确自己的优势、劣势和发展方向；在面试中，要突出自己的优势，同时对劣势有清晰的认识，并能够说明如何改进和提升。

▶ 练习自我介绍和回答常见问题

主管面试中，部门领导通常会要求高校毕业生进行自我介绍，并针对个人简历提出问题。因此，高校毕业生要提前准备自我介绍，并练习回答常见的面试问题，以保持自信。

（2）突出个人亮点，展示与岗位的匹配度

▶ 强调独特技能和经验

高校毕业生在面试中要展示自己的独特技能和经验，可以是专业技能、项目经验、实习经历或其他特殊的能力；突出个人的亮点，说明自己在某个方面的优势和成就。

▶ 融入企业文化和价值观

企业文化和价值观对于部门领导来说非常重要，高校毕业生在面试中要表达对企业文化和价值观的认同，并展示自己与之契合的一面。这可以通过研究企业的使命和价值观，以及提供相关的实例和经历来实现。

▶ 强调解决问题的能力

部门领导通常希望招聘到有解决问题能力的人才，高校毕业生可以通过在面试中说明自己解决问题的思路、方法和成果，展示自己的分析能力、创新能力和团队合作能力。

▶ 展示学习和成长的态度

在主管面试中，部门领导也关注高校毕业生的学习态度和成长潜力。高校毕业生可以谈论自己的学习经历和成长过程，强调自己的学习能力、适应能力和对新知识的渴望。

（3）有效沟通，展现良好的人际关系能力

▶ 注意非语言沟通

在面试中，高校毕业生不仅要注重语言表达，还要注意非语言沟通，包括保持良好的姿态和面部表情、维持适当的眼神接触、展示自信和积极的态度。

▶ 倾听和回答问题

高校毕业生在面试中要认真倾听问题，确保理解问题的含义和要求；在回答问题时要简明扼要、清晰明了，结合自己的经验和知识进行回答。

▶ 提问并展示兴趣

在面试过程中，高校毕业生也有机会向部门领导提问，可以提出与岗位职责、团队合作、发展机会等相关的问题，展示自己对企业和岗位的兴趣，并且体现自己积极主动的态度。

▶ 与面试官建立连接

在面试中，高校毕业生要尽力与面试官建立连接和共鸣，可以通过对面试官的回应、分享个人的经历和观点等方式，展示自己的人际关系能力和团队合作能力。

（4）如何处理压力面试

遇到主管进行压力面试时，高校毕业生可能会感到紧张和不知所措，但这恰恰是一个展示自己的能力和魅力的时刻。以下建议可以帮助同学们自如应对压力面试。

▶ 保持冷静和自信

保持冷静和自信，不要让紧张情绪影响你的表现；深呼吸，放松身心，相信自己已经做好了充分的准备；相信自己的能力，展现自信的态度。

▶ 掌握关键信息

在面试前，对目标企业和岗位有充分的了解；研究企业的核心业务、市场地位和文化，了解岗位的职责和要求。这样你就可以更好地回答问题，并展示与岗位的匹配度。

▶ 展现解决问题的能力

主管面试通常会着重考察应聘者解决问题的能力。在回答问题时，你可以先厘清问题的关键点，然后提出有条理的解决方案；结合自己的经验和知识，展示自己的分析能力、创新思维和团队合作能力。

▶ 诚实回答问题

在面试中，主管可能会深入挖掘应聘者的个人经历和项目经验。你应诚实回答问题，不要夸大或隐瞒实际情况；如果遇到不会回答的问题，可以坦率承认，同时表现愿意学习和提升的态度。

▶ 展示学习和适应能力

回答问题时要强调自己的学习经历和成长过程，展示对新知识和技能的渴望，并说明自己将如何应对新环境和挑战。

▶ 提问展示兴趣

在面试结束前，高校毕业生通常有机会向主管提问，可以提出与岗位、团队合作、发展机会等相关的问题，展示你对企业和岗位的兴趣，体现你对自己职业发展的积极探索。

▶ 态度和谐积极

在面试过程中，你要展现积极、合作和愿意学习的态度，与面试官建立良好的沟通和互动，展示自己的人际关系和团队合作能力。

面对主管面试，同学们需要充分准备，突出个人亮点，并展现良好的沟通能力；通过打造独特性，使自己在部门领导的压力面试中脱颖而出。最重要的是相信自己具备应对压力面试的能力。通过充分准备、保持自信和积极的态度，同学们一定能够沉稳应对主管面试。

▍HR 面试环节应该这样准备

HR 面试可以帮助企业了解求职者的性格特点、学历背景、岗位匹配度等，并在最终阶段讨论薪资水平和岗位条件。不论 HR 面试是放在第一轮还是最后一轮，求职者都应该充分准备，展现自己的优势和争取最大化的薪资水平。本节针对这两种情况，提供相关建议。

（1）HR 面试作为第一轮面试

在这种情况下，HR 面试主要用于考察求职者的性格特点、学历背景及岗位匹配度。以下是求职者需要准备的几个关键要点。

▶ 研究企业文化和价值观

在 HR 面试前，求职者应深入了解目标企业的文化和价值观。这将帮助你了解企业的核心理念，并在面试中展示与之契合的一面。在回答问题时，你可以结合企业价值观进行论述，以表现自己的价值观与企业相符。

▶ 强调个人优势和岗位匹配度

HR 面试关注求职者与岗位的匹配度。在回答问题时，求职者应强调自己的技能、经验和优势，展示如何与岗位需求相符；提供相关的实例和成就，突出自己在该岗位上的价值。

▶ 准备常见问题的回答

HR 面试常问的问题包括个人介绍、职业规划、工作经验、团队合作等，求职者应提前准备这些问题的答案，确保自己能够清晰、简洁地表达观点并突出重点。

▶ 表达积极的态度和团队合作能力

HR 面试关注求职者的态度和团队合作能力。在回答问题和交流的过程中，求职者应展现积极乐观的态度，强调自己的团队合作能力和适应能力；通过分享团队合作的成功经历或应对团队挑战的方式，展示自己与他人合作的能力。

（2）HR 面试作为最后一轮面试

在这种情况下，HR 面试用于谈论薪资水平和岗位职级。以下是求职者需要准备的一些要点。

▶ 研究市场薪资水平

在 HR 面试前，求职者应了解目标岗位在市场上的薪资水平。这将帮助你对自己的薪资有合理的预期，并为谈判做好准备。你可以参考招聘网站、行业报告和薪资调查等来源，收集相关信息。

▶ 强调自己的价值和贡献

在 HR 面试中，求职者应强调自己在之前的面试中展示的优秀表现和对企业的价值，通过分享实际的成果和成就让 HR 意识到你对企业的贡献，从而为自己争取更好的薪资待遇。

▶ 谈判技巧和策略

在 HR 面试中，求职者要有一定的谈判技巧和策略。具体包括明确自己的底线和期望，以及灵活的议价策略；准备好回应关于薪资的问题，如岗位要求、市场价值和个人能力等方面的依据。

▶ 展示职业规划和未来发展

HR 面试是展示自己职业规划和未来发展意向的机会。求职者应与 HR 分享自己对职业的追求、学习和发展的计划，并表达自己如何为企业的长期发展做出贡献。这将展示你的价值观、动力和对未来的愿景。

总而言之，无论 HR 面试作为第一轮还是最后一轮，准备是关键。在第一轮面试中，求职者要突出个人优势和与岗位的匹配度。在最后一轮面试中，求职者要研究市场薪资水平，展示自己的价值和贡献，并采取适当的谈判策略。最后，笔者希望同学们通过充分的准备和自信的表现，赢得自己想要的工作机会和心仪的薪资水平！

不同类型企业的面试差异化

高校毕业生在找工作时，面试是一个非常重要的环节。不同类型的企业在面试过程中可能有不同的要求和考察重点。了解不同类型企业的特点并做好相应的准备，高校毕业生可以增强自身在面试中的竞争力。本节为同学们详细介绍了不同类型企业或热门岗位面试时的应对策略。

（1）央国企

央国企一般具有较高的社会声誉和稳定的发展前景。在面试中，高校毕业生需要展示自己对央国企的了解程度，包括其核心业务、社会责任及发展战略。此外，央国企注重稳定性和团队合作能力，高校毕业生可以突出自己的稳定性、抗压能力和团队合作经验。

（2）公务员系统

公务员面试注重考察综合素质和行政能力，高校毕业生需要熟悉公务员考试大纲，了解相关法律法规和政策，展示自己的综合素质和解决问题的能力。在面试过程中，高校毕业生需要具有清晰的表达思路、较好的组织能力和逻辑思维能力。

（3）事业单位

事业单位面试注重考察专业知识和综合素质，高校毕业生需要准备相关的专业知识，了解事业单位的业务范围和发展方向。同时，高校毕业生需要展示自己的学习能力、团队合作能力和解决问题的能力。

（4）金融企业

金融企业面试注重考察金融知识、风险意识和分析能力，高校毕业生需要熟悉金融市场和金融产品，了解相关的法律法规和风险管理原则，在面试中展示自己的金融知识、分析能力和解决问题的能力。

（5）咨询企业

咨询企业面试注重考察问题解决能力、分析思维和团队合作能力，高校毕业生需要准备案例面试，展示自己的问题解决能力和分析思维，同时突出自己在团队合作中的角色和贡献。

（6）互联网企业

互联网企业面试注重考察创新能力、技术能力和团队合作能力，高校毕业生需要展示自己对互联网行业的了解，熟悉互联网产品和技术趋势，在面试中展示自己的创新思维、解决问题的能力和与团队合作的经验。

（7）快消企业

快消企业面试注重考察市场洞察力、品牌意识和销售技巧，高校毕业生需要了解所申请企业的产品品牌和市场竞争情况，展示自己的市场洞察力和销售技巧。在面试过程中，高校毕业生可以分享自己的品牌营销经验和解决问题的能力。

（8）科技类企业

科技类企业面试注重考察技术能力、创新能力和解决问题的能力，高校毕业生需要准备相关技术知识，展示自己的技术能力和创新思维。在面试过程中，高校毕业生可以分享自己的科技项目经验和解决复杂问题的能力。

（9）律所企业

律所企业面试注重考察法律知识、辩论能力和团队合作能力，高校毕业生需要熟悉相关法律法规，展示自己的法律知识和辩论能力。在面试过程中，高校毕业生可以分享自己在模拟法庭或实习中的经验和解决法律问题的能力。

（10）会计事务所（含四大）

会计事务所面试注重考察会计知识、审计能力和团队合作能力，高校毕业生需要准备相关会计知识，了解审计流程和会计准则。在面试过程中，高校毕业生可以分享自己在实习或学术项目中的会计经验和解决问题的能力。

（11）教育单位

教育单位注重考察教育理念、教学能力和沟通能力，高校毕业生需要准备教育原理和教学方法，展示自己的教学经验和成果。在面试过程中，高校毕业生需要展示自己的沟通能力、教学能力和对学生发展的关注。

（12）地产企业

地产企业注重考察市场洞察力、项目管理和谈判能力，高校毕业生需要了解地产市场和相关政策，展示自己的市场洞察力和项目管理经验。在面试过程中，高校毕业生可以分享自己的地产项目经验和解决问题的能力。

（13）医药企业

医药企业注重考察医药知识、临床经验和团队合作能力，高校毕业生需要准备相关医药知识，了解药物研发和临床实践。在面试过程中，高校毕业生需要展示自己的临床经验、解决问题的能力和团队合作经验。

（14）留任高校

高校注重考察学术研究能力、教学能力和团队合作能力，毕业生要想能够留任，需要准备相关的学术知识，展示自己的研究成果和教学经验。在面试过程中，高校毕业生需要突出自己的学术潜力、解决问题的能力和团队合作经验。

（15）高科技外企

高科技外企注重考察技术能力、创新能力和国际视野，高校毕业生需要熟悉相关技术领域，了解国际市场和技术趋势。在面试过程中，高校毕业生需要展示自己的技术能力、创新思维和解决问题的能力，强调自己的跨文化沟通能力和适应能力。

（16）ToB 销售

ToB 销售面试注重考察市场洞察力、销售技巧和客户管理能力，高校毕业生需要了解应聘企业的产品或服务，熟悉目标客户和市场竞争情况。在面试过程中，高校毕业生需要展示自己的销售技巧、沟通能力和解决问题的能力，强调自己的目标导向和成果导向。

总而言之，高校毕业生在面对不同类型企业或岗位的面试时，需要根据企业或岗位的特点和要求做好准备，具体包括了解企业的业务、文化和发展方向，突出自己与企业或岗位的匹配度和能够为企业带来的价值；同时展示自己的专业知识、解决问题的能力、团队合作能力和沟通能力，通过具体的案例展示自己的实际经验和能力；不断学习和提升自己，积极参加相关的培训和实习，拓宽自己的视野和经验，增强自己在面试中的竞争力。

第 7 章

高校毕业生求职的必知事项

职业规划是高校毕业生求职的重中之重

面对竞争激烈的就业市场，高校毕业生需要有明确的职业规划。本节探讨为什么职业规划是高校毕业生求职的重中之重，以及职业规划对高校毕业生求职的重要影响。

（1）职业规划的重要性

职业规划在高校毕业生求职过程中的作用是为了找到一份适合自己的好工作。在求职过程中，职业规划扮演着重要的角色。

首先，职业规划可以帮助高校毕业生明确自己的目标和方向。职业规划使高校毕业生能够更好地了解自己的兴趣、优势和价值观，进而确定自己想要从事的行业和职业。这有助于避免盲目求职和随波逐流的情况发生。

其次，职业规划能够指导高校毕业生制定合理的学习和成长计划。通过对职业的深入研究，高校毕业生可以了解自己所需的知识和技能，并在学习中有针对性地提升自己。例如，对于英语专业的学生来说，通过职业规划可以明确四六级考试的重要性，有针对性地备考，提高自己的英语水平，从而增强就业竞争力。

（2）职业规划的重要影响

▶ 学习成绩

学习成绩在求职过程中起着重要的作用。职业规划既可以帮助高校学生合理安排学习时间，提高学习效率，并在重点科目上下功夫；还可以引导高校学生参加各种学习活动，如辅修专业、参与科研项目等，以丰富自己的学术背景和提升综合素质。

▶ 实习经历

实习是高校毕业生进行职业规划的重要体现。通过规划实习，高校毕业生可以获得实际工作经验，了解自己所学专业的具体实践，并建立与职业领域相关的人际关系。职业规划还可以帮助高校毕业生在实习中寻找适合自己的转正机会，为未来就业做好准备。

▶ 英语水平

英语水平对高校毕业生求职有着重要的影响。许多企业会对求职者的英语水平有要求，通常要求高校毕业生通过四六级考试。高校毕业生应该积极学习英语，扎实掌握听、说、读、写、译等方面的技能，通过做题并参加模拟考试提高应试能力；多参与英语口语交流和写作练习，提升自信和流利度。英语水平的提升将为高校毕业生的求职增强竞争力。

（3）实习的四大原则

▶ 有无转正机会

选择实习岗位时，高校毕业生需要关注该岗位是否有转正机会。规划实习要考虑自己的长远发展，选择具有转正机会的岗位能够为未来就业打下坚实的基础。

▶ 薪酬福利

薪酬福利是高校毕业生在选择实习岗位时需要重点考虑的因素之一。规划实习要明确自己对薪酬福利的要求，并选择符合自己期望的实习机会。

▶ 企业发展

选择实习企业时，高校毕业生需要考察该企业的发展前景和市场竞争力。规划实习要选择有潜力和发展空间的企业，以便在实习期间获得更多的学习和成长机会。

▶ 培养体系

规划实习还需要关注实习企业的培养体系和职业发展机会。高校毕业生应选择能够提供良好培训和晋升机制的企业，以提高自己的职业竞争力。

综上所述，职业规划是高校毕业生求职的重中之重。职业规划可以帮助高校毕业生明确目标、合理安排学习和成长计划，并在求职过程中选择适合自己的实习机会。通过职业规划，高校毕业生可以提高自己的竞争力，实现人生的价值和梦想。因此，对于高校毕业生来说，职业规划是实现成功求职和改变命运的关键一步。

劳务派遣的工作，你要仔细思考

劳务派遣是一种常见的就业形式，考虑到发展前景、薪资待遇等因素，高校毕业生需要仔细思考是否接受劳务派遣的工作。本节探讨劳务派遣工作的特点、优缺点，以及高校毕业生在选择时需要考虑的重要因素。

（1）劳务派遣工作的特点

劳务派遣工作是指劳务派遣单位与用工单位签订劳务合同，将劳动者派遣到用工单位从事工作。劳务派遣工作的特点如下。

▶ 雇用关系不明确

劳务派遣工作通常缺乏明确的雇用关系，劳动者与用工单位之间的职业发展和权益保障存在不确定性。

▶ 工作稳定性较低

劳务派遣工作签订的往往是短期合同或项目合同，没有长期稳定的职业保障，易受经济波动和市场需求的影响。

▶ 薪资待遇相对较低

由于劳务派遣单位要从中抽取一定的利润，劳务派遣工作的薪资待遇往往较低。

（2）劳务派遣工作的优缺点

▶ 优点

第一，劳务派遣工作通常能够较快提供就业机会，可以填补高校毕业生毕业后的空档期。

第二，劳务派遣工作可能涉及不同的行业和岗位，可以帮助高校毕业生积累更广泛的工作经验和技能。

▶ 缺点

第一，劳务派遣工作通常缺乏长期的职业发展路径，难以获得晋升和升职的机会。

第二，劳务派遣工作的薪资和福利待遇相对较低，缺乏稳定的社会保障和福利保障。

（3）高校毕业生选择劳务派遣工作需要考虑的因素

▶ 发展前景

劳务派遣工作的发展前景相对不确定，高校毕业生需要综合考虑该行业和岗位的发展趋势，评估是否符合自己的职业规划。

▶ 薪资待遇

高校毕业生应对劳务派遣工作的薪资待遇进行全面评估，并与自身的经济状况和生活需求相匹配。

▶ 职业发展机会

高校毕业生需要了解劳务派遣工作是否提供良好的职业发展机会和晋升通道，以便在工作中能够不断学习和成长。

▶ 福利保障

高校毕业生应考虑劳务派遣工作的福利保障情况，包括社会保险、医疗保险、住房公积金等，确保自身的合法权益和基本生活保障。

总之，在选择劳务派遣工作时，高校毕业生需要仔细思考。劳务派遣工作虽然能够提供快速就业和拓宽经验的机会，但也存在职业发展受限和福利待遇较低的问题。高校毕业生应综合考虑发展前景、薪资待遇、职业发展机会和福利保障等因素，权衡利弊，做出明智的决策。无论选择何种就业形式，高校毕业生都应注重规划自己的职业发展，不断学习和提升自身能力，为未来的职业道路打下坚实的基础。

高校毕业生更要学会谈"五险一金"

"五险一金"是一项重要的福利，为企业员工提供了重要的生活保障。本节介绍了"五险一金"的含义，以及不同福利组合对高校毕业生的影响，同时通过具体算例说明住房公积金在月工资中产生的实际收入差异。

（1）"五险一金"包含的内容

▶ 养老保险

养老保险提供退休金或养老补贴，确保从业者在退休时有一定的经济来源。

▶ 医疗保险

医疗保险提供医疗费用报销或补贴，帮助从业者应对意外医疗支出。

▶ 失业保险

失业保险在从业者失业时提供了一定期限的生活补贴，减轻失业者的经济压力。

▶ 工伤保险

工伤保险提供工伤和职业病的医疗费用、康复费用，以及一定期限的工伤津贴。

▶ 生育保险

生育保险在从业者生育期间提供一定期限的工资补贴，缓解生育造成的经济负担。

▶ 住房公积金

住房公积金是一项旨在帮助从业者购房、租房或支付房屋贷款的制度，由企业和从业者按一定的比例缴纳。

（2）不同福利组合对高校毕业生的影响

▶ "五险二金"

"五险二金"是指养老、医疗、失业、工伤、生育保险、住房公积金及企业年金的组合。这是大部分企业为员工提供的基本福利。高校毕业生在选择工作时应关注企业是否提供"五险二金"，这将为他们提供退休保障、医疗支持及购房或租房的资金积累。

▶ "五险三金"

"五险三金"是指在"五险二金"的基础上增加补充公积金，如补充住房公积金或其他额外的公积金。这样的福利组合将为员工提供更多的积蓄机会和未来的房屋购置资金。

▶ "六险一金"

"六险一金"在"五险一金"的基础上增加补充商业保险。商业保险可以提供更全面的医疗保障和意外保险，进一步保障员工在意外情况下的经济安全。

▶ "七险三金"

"七险三金"在"六险一金"的基础上补充其他福利，如补充医疗保险或其他附加福利。这样的福利组合为员工提供了更全面的保障和更高的福利水平。

（3）住房公积金算例分析

央国企和私企的住房公积金比例一般不同。下面给出两类企业中较常见的几种公积金比例，并通过对央国企公积金和私企公积金的两种算例进行比较，帮助同学们夯实对公积金比例概念的认知。

▶ 央国企公积金的常见类型及算例

A. 企业 12%+ 个人 12%（最常见）

B. 企业 12%+ 个人 8%

C. 企业 12%+ 个人 12%+ 政府 12%

例如，基本月工资税前 5000 元，月绩效税前 5000 元，年终奖税前 20000 元，按照企业 12%+ 个人 12% 的公积金缴纳比例计算，那么，月公积金 = $[（5000+5000）\times 12+20000] \div 12 \times 12\% \times 2 = 2800$ 元。

▶ 私企公积金的常见类型及算例

A. 企业 5%+ 个人 5%（最常见）

B. 企业 8%+ 个人 8%

C. 企业 10%+ 个人 8%

D. 企业 12%+ 个人 12%

例如，基本月工资税前 5000 元，月绩效税前 5000 元，年终税奖前 20000 元，按照企业 5%+ 个人 5% 的公积金缴纳比例计算，那么，月公积金 = [（5000+5000）× 12+20000] ÷ 12 × 5% × 2=1166.67 元。

从上述算例可以看出，住房公积金比例的差异会直接影响月工资的实际收入。因此，高校毕业生在选择工作时需要综合考虑福利待遇中住房公积金的比例。

在这里，笔者需要提醒同学们，"五险一金"是高校毕业生未来就业的重要福利保障，不同的福利组合会对高校毕业生的经济状况和未来规划产生影响。特别是住房公积金作为其中的重要部分，可以用于办理住房贷款，对租房或买房后的生活提供重要的资金支持。因此，高校毕业生在求职过程中应重视"五险一金"，并且对不同福利组合中住房公积金比例的差异进行充分了解，以做出明智的职业决策。

国内高校毕业生和留学生各有利弊

在当前形势下，无论是国内高校毕业生还是留学生，都面临着就业的压力。两类高校毕业生人群都有各自的优势和劣势，在求职时需要辩证地看待，并采取相应的措施补充短板，以满足就业市场的需求。本节对比国内高校毕业生和留学生在求职中的优劣，并为同学们提供一些有效的建议。

（1）国内高校毕业生在就业市场的优劣势

对比留学生，国内高校毕业生在就业市场的优势主要体现在以下方面。

▶ 与国内市场接轨

国内高校毕业生更熟悉国内的经济、文化和市场环境，更容易适应和融入国内企业。

▶ 语言优势

国内高校毕业生具备较强的中文沟通能力，能够与国内企业和客户更好地交流。

▶ 实习经验

国内高校毕业生更容易在本土企业实习，积累工作经验并建立相关的人际关系。

但是，相比留学生而言，国内高校毕业生也同样存在一些短板。

▶ 国际视野和跨文化交流经验欠缺

相比留学生，国内高校毕业生在国际视野和跨文化交流方面可能欠缺经验。

▶ 外语能力较低

国内高校毕业生的英语水平相对留学生较低，对于涉及跨国公司或国际交流的岗位可能有一定的劣势。

（2）留学生在就业市场的优劣势

同样，对比国内高校毕业生，留学生在就业市场的优势主要体现在以下方面。

▶ 国际化背景和全球视野

留学生对跨文化交流和国际业务有较高的敏感性和适应能力。

▶ 外语能力

留学生在语言方面通常具备较强的优势，尤其是英语能力，能够胜任跨国公司或国际交流的岗位。

▶ 学科专业

在某些学科专业方面，留学生可能具备国内高校毕业生所缺乏的优势，满足特定行业或岗位的需求。

但是，相比国内高校毕业生而言，留学生也存在一些短板。

▶ 对就业环境不熟悉

留学生可能对国内的就业环境、招聘流程和用人单位的要求不够了解，需要花一定的时间适应。

▶ 文化差异

留学生在国外读书时所处的社会、文化、制度与国内有些差异，留学生在回国就业时要提前适应，并需要与国内用人单位进行有效的沟通和交流。

▶ 留学经历的认可度

在某些行业中，用人单位可能对留学经历的认可度不高，更看重的是工作经验。

无论是国内高校毕业生还是留学生，在求职过程中都需要意识到自身的优势和劣势，并采取相应的措施满足就业市场的需求。通过提升英语水平、积极参加实习、拓展国际视野等方式，国内高校毕业生可以增强自身竞争力；而留学生则要深入了解国内就业市场，并学习相关的知识和技能，以满足国内用人单位的需求。对于两类毕业生而言，只有充分发挥各自的优势并补充相应的短板，才能更好地应对就业市场的挑战。

把握春招和秋招双重机会

对于高校毕业生而言，春招和秋招是重要的求职时机。春招和秋招分别指的是在春季和秋季举行的校园招聘活动。本节探讨了春招和秋招的含义与不同之处，并给同学们提供一些经验及建议，帮助大家把握春招和秋招，斩获心仪的职业机会。

（1）春招和秋招的概念及特点

春招通常是指在每年的春季，即1—4月进行的校园招聘活动。在春招期间，许多企业会到高校招聘，为即将毕业的学生提供就业机会。春招具有以下特点。

• 提前开始：春招通常在秋招结束后不久就开始，给了高校毕业生更多的准备时间。

- 竞争相对较小：相比秋招，春招的竞争压力较小，部分岗位仍有空缺。
- 针对特定需求：一些企业在春季会有特定的招聘需求，如一些季节性工作或项目的实施。

秋招是在每年的秋季，即 9—11 月进行的校园招聘活动。在秋招期间，众多知名企业会到高校进行招聘，为毕业生提供就业机会。秋招具有以下特点。

- 竞争激烈：秋招是高校毕业生求职的主战场，竞争压力较大。
- 高薪岗位较多：许多知名企业会在秋招期间提供丰厚的薪资待遇和福利。
- 招聘范围广：秋招不仅吸引了本地的企业，还有来自其他城市和地区的企业前来招聘。

（2）把握春招和秋招的机会

高校毕业生可以从以下方面着手把握春招的机会。

- 提前准备：在秋招结束后，高校毕业生可以提前规划和准备春招，包括修改简历、提升面试技巧等。
- 关注企业招聘信息：及时关注企业的官方网站、招聘平台等渠道，了解春季招聘的具体时间和岗位需求。

- 参加校园招聘活动：积极参加学校组织的春季招聘活动，与企业面对面交流，展示自己的能力和优势。

高校毕业生可以从以下方面着手把握秋招的机会。

- 提前准备：在大四暑假期间，高校毕业生就可以完善简历和提升面试技巧，做好应聘准备。
- 多渠道投递简历：除了学校组织的招聘会，高校毕业生还可以通过互联网招聘平台、企业官方网站等途径广泛投递简历。
- 研究目标企业：了解目标企业的招聘需求和要求，准备针对性的自我介绍和面试准备。

春招和秋招是高校毕业生找工作的重要时机，高校毕业生可以通过合理规划及充分准备，争取心仪的工作机会。无论是春招，还是秋招，关键在于高校毕业生要提前准备、了解企业需求、积极参与招聘活动，并不断提升自身的竞争力。只有综合利用春招和秋招的机会，才能为自己的就业之路奠定更加坚实的基础。

▎没有最好的工作，只有最适合的工作

高校毕业生在找工作的过程中需要综合考虑八大因素，包括薪资待遇、稳定性、城市、影响力、隐性福利、发展空间、

求职难度和价值。

（1）薪资待遇

薪资待遇是高校毕业生在找工作时需要重点考虑的因素之一。不同行业和岗位的薪资水平存在差异，高校毕业生需要根据自身的经济需求和市场行情合理评估薪资待遇。

（2）稳定性

稳定性是指工作的稳定性和发展前景。一些行业和企业具有较高的稳定性，但发展空间可能相对有限。一些新兴行业和创业公司具有更大的发展潜力，但也存在一定的不稳定性。

（3）城市

选择工作城市涉及对生活环境、发展机会、户口等方面的考虑。有些高校毕业生可能希望留在自己所在的城市，但有些人愿意追求更广阔的发展机会而选择其他城市。

（4）影响力

影响力包括岗位的权威性、决策权和管理权等方面。一些人更偏向于在岗位上拥有更多的权利和影响力，而有些人更注重自己的工作内容和个人成长。

（5）隐性福利

隐性福利是指一些非金钱方面的福利，如弹性工作时间、员工关怀等。这些福利可以提升员工对工作的满意度和生活品质。

（6）发展空间

发展空间包括职业晋升机会、培训与发展计划等。高校毕业生应该考虑岗位的职业发展前景和个人成长空间，选择能够提供更多发展机会的岗位。

（7）求职难度

不同的行业和岗位对于高校毕业生的求职难度也存在差异。一些岗位的竞争激烈，需要员工具备较高的专业素质和经验；而一些岗位对于高校毕业生来说相对较容易进入。

（8）价值

价值包括个人价值和社会价值。个人价值是指岗位是否与自己的兴趣、能力和价值观相匹配，能否实现个人发展和成就感；社会价值则涉及岗位对社会的贡献和意义。

在当前的就业市场中，没有最好的工作，只有最适合自己的工作。高校毕业生在选择工作时应全面考虑以上因素，并根据个人目标和兴趣选择合适的岗位类型；同时通过实践经验、专业指导和自我认知不断提升自己的竞争力，为未来的职业发展奠定坚实的基础。在这里，笔者提出5点职业探索的建议，助力同学们早日确定求职目标。

（1）确定个人目标

高校毕业生需要清楚自己的职业目标和发展方向。只有正确认识自己的兴趣、能力和价值观，高校毕业生才能更好地选择符合个人目标的工作。

（2）深入了解行业和岗位

高校毕业生可以通过实习、网络调研、与行业人士交流等方式，了解不同行业和岗位的特点、需求与发展前景。

（3）平衡各项因素

高校毕业生在选择工作时应综合考虑各项因素的重要性，在个人需求与市场情况之间找到一个平衡点。

（4）实践和实习经验

高校毕业生可以通过实践和实习积累经验，进一步了解自己的兴趣。实践经验可以为毕业生选择合适的工作提供参考和支持。

（5）寻求专业指导

高校毕业生可以寻求从事就业指导和职业规划的专业机构或人士的帮助，他们可以根据个人情况和市场需求提供有针对性的指导建议。

第 8 章

新人在职场中的发展策略

在企业中找到自己的不可替代性

高校毕业生要想在职场中获得长期发展，关键在于找到自己的不可替代性。本节探讨高校毕业生如何保证自身稳定就业，在企业中建立自己的"护城河"，并为晋升创造机会。

（1）了解行业和企业

在寻找自己的不可替代性之前，高校毕业生需要了解所处的行业和企业，不同的行业有不同的特点和需求。对于高校毕业生来说，了解行业的发展趋势、竞争格局及企业的核心业务非常重要。通过深入了解行业和企业，高校毕业生可以更好地定位自己的发展方向，为未来的职业发展做好准备。

（2）发展核心技能

要想在企业中找到自己的不可替代性，高校毕业生需要具备一些核心技能。核心技能是指在特定行业或领域中具有高度专业性和竞争力的技能。通过不断学习和提升自己的核心技能，高校毕业生可以在职场中脱颖而出，成为不可或缺的人才。

例如，在金融企业中，从业者需要具备深厚的金融知识和分析能力。高校毕业生可以通过参加金融类的专业培训、获取相关证书和实践经验，提升自己的专业素养。同样，在互联网企业中，从业者掌握编程技术、数据分析和创新思维等技能是必不可少的，高校毕业生可以通过参加编程培训、参与开源项目和积极学习新技术来提升自己的竞争力。

除了专业技能，高校毕业生还应注重培养自己的沟通能力、团队合作和领导力等软技能。在现代企业中，团队合作和跨部门协作是非常重要的，具备良好的人际关系和沟通能力可以让高校毕业生更好地与他人合作，展现自己的价值。

（3）展示价值和贡献

从业者在企业中建立不可替代性的关键在于展示自己的价值和贡献。无论是在央国企、金融企业，还是互联网企业，高校毕业生都应该积极主动地参与工作，展示自己的能力和才华。

首先，高校毕业生要积极参与团队项目，并展现自己的责任心和主动性。通过主动承担工作，提出创新性的解决方案，展现自己的能力和潜力，从而得到领导和同事的认可。

其次，高校毕业生要持续学习和自我提升。在快速变化的商业环境中，知识更新的速度非常快，高校毕业生要保持持续学习的状态，不断提升自己的专业素养和行业见解。通过参加培训课程、读书和参与行业研讨会，高校毕业生可以不断提高自己的竞争力。

此外，高校毕业生还可以通过参与企业内部的项目和活动展示自己的能力和潜力。积极参与企业内部的培训、志愿者活动和团队建设等活动，可以增加自己的曝光度，与更多人建立联系，并展示自己的团队合作能力和领导潜力。

（4）建立人际关系

在职场中，人际关系是非常重要的资源。建立广泛的人际关系，高校毕业生可以获得更多的机会和资源，也可以提升自己的影响力。

高校毕业生可以通过参加行业内的职业交流会、行业协会的活动等扩展自己的交际范围，获取更多的行业信息和机会，并从行业内的专业人士、同行身上学习经验和智慧。

同时，高校毕业生可以寻求导师的指导和支持。导师可以为高校毕业生提供宝贵的职业建议和指导，帮助他们更好地了解职场规则和行业发展趋势。高校毕业生还可以借助导师的经验和资源，加速自己的成长和发展。

（5）保持积极的心态和灵活的适应能力

职场中充满了变化和挑战，高校毕业生需要具备应对压力的能力，并能够迅速适应新的工作环境和要求。除了具备核心技能，高校毕业生还需要保持积极的心态和灵活的适应能力。

保持积极的心态意味着对工作和困难保持乐观的态度，以及相信自己的能力和潜力。职场中会遇到各种挑战和困难，高校毕业生要相信自己的能力和努力，坚持不懈地追求目标，并从失败中吸取教训，不断成长。

另外，高校毕业生需要具备灵活的适应能力。随着技术和市场的快速发展，工作要求和环境也在不断变化。高校毕业生应该保持学习的心态，随时更新自己的知识和技能，适应新的工作要求和技术趋势；同时要具备跨部门和跨领域合作的能力，能够与不同背景和专业的人合作，共同解决问题和实现目标。

（6）持续发展和学习

在企业中找到自己的不可替代性并不是一蹴而就的，这是一个持续发展和学习的过程。高校毕业生应该保持求知欲和进取心，不断寻求学习和成长的机会。

持续发展和学习可以通过多种方式实现。首先，高校毕业生可以利用企业提供的培训和发展计划，参加专业培训课程、工作坊和研讨会，不断提升自己的专业素养和技能。其次，高校毕业生可以主动寻找导师，从他们身上学习经验和智慧，并得到指导和支持。此外，高校毕业生还可以通过阅读专业书籍、行业报告及进行学术研究等方式，了解最新的行业趋势和知识。

同时，高校毕业生应该保持对新技术和创新的关注，并勇于尝试新的工作方式和方法。掌握新技术和应用新工具可以提高工作效率和质量，同时也可以展示自己的适应能力和创新思维。

总之，无论是在央国企、金融企业、互联网企业、外企，还是公务员系统和事业编制单位，高校毕业生都可以通过找到自己的不可替代性，实现自己在职场中的成功和成长。关键在于保持学习的态度，不断提升自己的能力，展示自己的价值，并与他人建立良好的人际关系。只有这样，高校毕业生才能确保稳定就业，并在职场中筑起自己的"护城河"，为晋升创造机会。

多听、多看、多想，深度挖掘底层逻辑

步入职场意味着面临新的挑战和机遇，高校毕业生需要以如履薄冰的姿态不断学习和成长。在这个过程中，多听、多看、多想并深度挖掘底层逻辑将变得非常重要。

（1）多听

多听是指高校毕业生应该注重倾听他人的意见和建议。在职场中，每个人都有自己的见解和经验，高校毕业生从他们那里可以获得快速成长。

▶ 倾听他人的经验

高校毕业生应与经验丰富的同事、领导或行业专家进行交流，倾听他们的故事和成功经验。他们的经验可以为高校毕业生提供宝贵的指导和启示，使高校毕业生少走弯路并在职业发展中更快地进步。

▶ 倾听团队成员的意见

在团队合作中，高校毕业生应多听取团队成员的意见和建议。不同的观点和想法可以带来创新的灵感，并促进团队合作。通过倾听团队成员的声音，高校毕业生可以更好地了解团队的需求和挑战，并提供更有针对性的解决方案。

▶ 倾听客户和用户的反馈

客户和用户的反馈可以帮助高校毕业生了解市场需求和用户体验，从而改进产品或服务，并提供更好的解决方案。

▶ 倾听行业动态

高校毕业生应关注行业的最新动态和趋势，多听行业领先者的见解。这样可以了解行业的发展方向和机遇，为自己的职业发展做出更好的规划。

（2）多看

多看是指高校毕业生应该积极观察周围的环境和学习人们的行为。通过多看，高校毕业生可以发现隐藏在表面下的信息和机会。

▶ 观察企业文化和价值观

观察所在企业的文化和价值观，了解企业的核心理念和行为准则。这有助于高校毕业生更好地适应企业文化，与同事建立良好的工作关系，并为企业的发展做出贡献。

▶ 观察行业竞争对手

观察行业竞争对手的行为和策略，了解他们的优势和劣势。

这可以帮助高校毕业生更好地了解行业竞争环境，为自己和所在企业制定更好的竞争策略。

▶ 观察团队动态

观察团队的工作氛围和人际关系，了解团队的协作方式和有效沟通的模式。通过观察团队的动态，高校毕业生可以更好地了解团队的工作方式，并为团队提供支持。

▶ 观察市场需求

关注市场需求的变化，观察消费者的偏好和行为模式。这可以帮助高校毕业生更好地了解市场机会和挑战，为企业提供创新的产品或服务。

（3）多想

多想是指高校毕业生应该培养深度思考和分析问题的能力。通过多想，高校毕业生可以发现问题的本质和底层逻辑，提供创新的解决方案。

▶ 深入问题的本质

对于所面临的问题，高校毕业生应该深入思考其背后的本质和影响因素，找到更全面的解决方案，而不是应对表面的症状。

▶ 学会提问

高校毕业生应学会提出有针对性的问题，探索问题的深层次信息，这样可以引导对话和思考，深入挖掘问题的底层逻辑。

（4）深度挖掘底层逻辑

深度挖掘底层逻辑是指高校毕业生要透过表面现象，探究问题的根本原因。这需要高校毕业生具备扎实的分析能力和细致的思考能力，以揭示问题的深层次含义和相关因素。

▶ 提出关键问题

在面对复杂的问题时，高校毕业生应该学会提出关键问题。关键问题能够帮助高校毕业生集中注意力并深入探索问题的核心，更好地理解问题的本质和涉及的关键因素。

▶ 数据分析

数据分析是深度挖掘底层逻辑的重要方法之一。高校毕业生应该学会收集、整理和分析相关数据，以了解问题的背景，发现问题的规律，从而更好地理解问题的本质。

▶ 利用逻辑思维工具

逻辑思维工具可以帮助高校毕业生分析问题，做出推理和判断。因果图、决策树和逻辑链条等工具可以帮助高校毕业生厘清问题的因果关系和逻辑关系，进而深度挖掘问题的底层逻辑，找到解决问题的有效路径。

▶ 跨学科思维

工作中的有些问题往往具有复杂性和多样性，高校毕业生可以运用跨学科思维，从不同的学科领域获取信息和观点。跨学科思维可以帮助高校毕业生拓宽视野，获得更全面的理解，并为问题的解决提供创新的思路。

▶ 深度调研和访谈

深度调研和访谈是深度挖掘底层逻辑的重要手段。通过深度调研和访谈，高校毕业生可以与相关人士交流和互动，获取深入的信息和见解，进而更好地理解问题的底层逻辑和相关因素。

总之，高校毕业生通过多听，可以汲取他人的经验和智慧，快速成长；通过多看，可以观察周围的环境和人们的行为，发现隐藏的信息和机会；通过多想，可以培养深度思考和创新思维，提供创新的解决方案。高校毕业生应该以如履薄冰的姿态迈入职场，注重多听、多看、多想，深度挖掘底层逻辑，为自身的职业发展奠定坚实的基础。

初入职场的第一件事：学会梳理组织架构

对于刚进入职场的高校毕业生来说，了解和梳理企业的组织架构是一件非常重要的事情。组织架构是企业内各个部门和岗位之间的关系及层级结构，它决定了一个人在企业中的职责、权力和晋升路径。学会梳理组织架构，高校毕业生可以更好地了解自己在企业中的定位，与上下级和同事建立良好的工作关系，为自己的职业发展打下坚实的基础。

（1）了解组织架构的重要性

▶ 明确权责关系

通过了解组织架构，高校毕业生可以清楚自己在企业中的职责和权力范围。知道谁对自己的升职加薪有绝对的话语权，谁负责给自己进行绩效评估，谁是自己的直系领导，这些可以帮助高校毕业生更好地理解自己的工作目标和职业发展路径。

▶ 建立人际关系网络

通过了解组织架构，高校毕业生可以快速建立与上下级和同事的人际关系网络。了解每个部门和岗位的职责及联系，可以更加高效地与他人合作，协同解决问题。同时，建立良好的人际关系网络也有助于高校毕业生在职场中获得支持和帮助。

▶ 掌握晋升的机会

组织架构揭示了企业内部的晋升路径和晋升条件。通过了解组织架构，高校毕业生可以了解企业的晋升机制和选拔标准，明确自己的晋升目标，并制定相应的发展计划，争取晋升的机会。

（2）学会梳理组织架构的方法

▶ 研读企业文档

企业通常会有相关的组织架构图、部门职责和人员名单等文档。高校毕业生可以通过研读这些文档，了解企业的组织架构和职能划分。此外，高校毕业生还可以阅读企业的公司介绍、年度报告等资料，获取更全面的信息。

▶ 与老员工交流

与老员工交流是了解组织架构的重要途径之一。老员工通常对企业的架构和职责有较清晰的了解，高校毕业生可以寻找机会与老员工交流，向他们请教关于组织架构的问题，获取实际指导和建议。

▶ 观察和倾听

在工作中，高校毕业生应该保持敏锐的观察力，通过观察和倾听获取很多与组织架构相关的信息。例如，注意上级领导的指示和决策，了解团队的工作分工和合作方式，观察不同部门之间的协作情况，等等。

▶ 寻找导师

寻找一位经验丰富的导师对于高校毕业生来说非常有益。导师可以指导高校毕业生学习和成长，并在梳理组织架构方面提供帮助。与导师交流，高校毕业生可以更加深入地了解企业的内部结构和运作方式。

（3）利用组织架构规划个人发展

▶ 设定职业目标

通过了解组织架构，了解自己当前所处的位置和承担的职责，高校毕业生可以设定明确的职业目标，制定可行的发展计划，并为未来的晋升和职业发展奠定基础。

▶ 发展关键技能

根据组织架构和职责要求，高校毕业生可以明确需要发展

往是一项具有挑战性的任务。企业的各个部门之间存在复杂的关系和不同的利益诉求，高校毕业生要有效地与不同部门的同事进行沟通，实现跨部门的协同合作。掌握拉通与对齐的方法，对于职场新人来说是一门必修课，它能够帮助高校毕业生顺利跨越部门界限，提高工作效率，并在职业发展中取得成功。

（1）拉通与对齐的意义和挑战

▶ 意义

拉通与对齐是指在不同的部门之间建立有效的沟通与协作关系，实现目标的一致性和团队的协同工作。跨部门的交流与沟通能够促进信息共享、资源整合和知识传递，帮助企业取得更好的绩效成果。

▶ 挑战

跨部门交流与沟通也面临一系列挑战。不同部门之间存在不同的目标、文化和利益冲突，沟通障碍和信息不对称等问题也时有发生。此外，对于刚进入职场的高校毕业生来说，缺乏经验和权威性也可能成为跨部门交流的障碍。

（2）拉通与对齐的方法及技巧

▶ 建立人际关系

拉通与对齐的第一步是建立良好的人际关系。高校毕业生可以积极主动地参加部门活动、团队建设和社交活动，与不同部门的同事建立联系和友好关系。这样能够加深彼此的了解和信任，为后续的跨部门沟通打下基础。

▶ 倾听与理解

在跨部门交流中，倾听和理解对方的需求及观点是非常重要的。高校毕业生应该学会倾听他人的意见和建议，理解他们的利益和关注点。这样可以更好地把握对方的需求，找到共同的目标和利益点，并为跨部门的合作创造条件。

▶ 提供价值与解决问题

在跨部门交流中，高校毕业生应该积极主动地提供价值和解决问题，通过展现自己的专业知识和能力，为其他部门提供帮助和支持，展现自己的价值和影响力。同时，高校毕业生还应主动寻找解决问题的机会，参与到部门之间的合作项目中，通过解决实际问题增强自己在跨部门合作中的影响力。

▶ 清晰地沟通与协商

跨部门交流需要交流者具备清晰的沟通和协商能力。高校毕业生应该学会清晰地表达自己的意见和需求，避免产生误解和冲突。同时，高校毕业生也要学会妥善处理和不同部门之间的利益冲突，寻求共赢的解决方案。

（3）实践与应用

▶ 参与跨部门项目

高校毕业生积极参与跨部门的项目，可以获得锻炼自己拉通与对齐能力的机会。通过与不同部门的同事合作，高校毕业生能够学会协调各方利益，解决实际问题，提高自己的跨部门合作能力。

▶ 跨部门交流分享

高校毕业生组织或参加跨部门的交流分享活动，可以增进对其他部门工作的了解，促进跨部门的交流与合作；通过分享自己的专业知识和经验，可以与其他部门的同事建立联系和合作。

▶ 学习与成长

持续学习和自我提升是掌握拉通与对齐方法论的关键。高校毕业生应该关注行业和企业的动态，学习相关的知识和技能，提升自己的专业素养和综合能力。同时，高校毕业生也要关注和学习跨部门合作的最佳实践及案例，从中获取经验和启示。

总之，对于刚进入职场的高校毕业生来说，掌握拉通与对齐的方法是一门必修课。跨部门交流与沟通能力能够帮助高校毕业生建立良好的工作关系、提高工作效率，并在职场中取得成功。通过建立人际关系、倾听与理解、提供价值与解决问题，以及清晰地沟通与协商，高校毕业生可以有效实现跨部门的协同工作，推动企业发展和个人成长。因此，同学们应该积极投入学习和实践，不断提升自己的拉通与对齐能力，为职业发展奠定坚实的基础。

▌职场人际关系指南：向上社交，向下兼容

对于刚进入职场的高校毕业生而言，处理好人际关系是非

常重要的。职场中的人际关系对个人的职业发展有着深远的影响。特别是对于高校毕业生来说，如何与上级领导建立良好的关系，以及如何与同事建立和谐的合作关系，都是需要重视的方面。本节为同学们提供职场人际关系指南，以向上社交和向下兼容为核心理念，帮助大家在职场中取得成功。

（1）向上社交

▶ 了解上级领导的期望

了解上级领导对你的工作期望是非常重要的。通过与上级领导进行有效的沟通，了解他们的期望、目标和工作重点，你可以更好地调整自己的工作方向和表现，以达到上级领导的期望。

▶ 主动展示自己的工作成果

向上级领导展示自己的工作成果是建立良好关系的重要方式之一。通过及时向上级领导报告自己的工作成果，展示自己的能力和价值，可以增加上级领导对你的认可和信任。

▶ 寻求反馈和建议

向上级领导寻求反馈和建议是非常重要的，它可以帮助你改进自己的工作表现和发展方向。展示对上级领导的尊重，接受他们的指导和建议，可以增进你与上级领导的关系。

▶ 建立良好的沟通渠道

与上级领导建立良好的沟通渠道是非常关键的。保持与上级领导的经常性沟通，及时汇报工作进展和遇到的问题，分享自己的观点和想法，可以增加彼此的了解和信任，促进合作和共同成长。

（2）向下兼容

▶ 建立良好的团队关系

展现积极的工作态度，尊重和支持他人的工作，主动与同事合作，分享资源和经验，可以营造和谐的工作氛围，树立团队合作精神。

▶ 倾听和尊重他人的意见

在与同事的沟通中，要学会倾听和尊重他人的意见。不要只关注自己的观点和利益，也要积极倾听他人的意见和建议，尊重他人的贡献和专业知识。通过与同事共同讨论和决策，可以建立良好的合作关系。

▶ 提供支持和帮助他人

在团队中，提供支持和帮助他人是非常重要的。愿意分享自己的知识和资源，帮助同事解决问题，展现团队合作精神，可以赢得同事的尊重和信任。

（3）实践与应用

▶ 学习和提升人际交往技巧

学习和提升人际交往技巧是建立良好人际关系的基础。高校毕业生可以通过阅读相关书籍、参加培训课程和实践经验的积累，不断提升自己的人际交往能力。

▶ 寻找良师益友

寻找有经验和能力的良师益友，对于职业发展和人际关系的建立非常有益。高校毕业生可以主动与一些在职场中有影响力和成功经验的人建立联系，并向他们请教。

▶ 建立个人品牌

在职场中，个人品牌的建立可以增强自己的影响力和吸引力。通过打造专业形象、提供优质的工作成果和服务，树立自己的专业声誉和品牌，高校毕业生可以在职场中获得更多的认可和机会。

总之，良好的人际关系是实现职业成功的关键之一。对于刚进入职场的高校毕业生而言，向上社交和向下兼容是重要的原则和方法。通过与上级领导建立良好关系，展示自己的能力和价值，寻求反馈和建议，高校毕业生可以在职场中获得更多的机会和支持；与同事建立良好的团队关系，倾听和尊重他人的意见，提供支持和帮助他人，可以建立和谐的工作氛围和团队合作精神；通过学习和实践，不断提升自己的人际交往能力，并建立个人品牌，可以在职场中取得更好的发展。因此，向上社交和向下兼容应成为同学们在职场中的必修课，为大家的职业发展奠定坚实的基础。

第 9 章

高校毕业生通过规划进入心仪企业的案例

本章通过 7 个案例来告诉高校毕业生，大学里所学的专业是决定高校毕业生求职方向的重要因素之一，但并不是决定性因素，"规划"才是高校毕业生求职的核心之法。

▌把论文写在祖国大地上——工科生的选调之路

北京航空航天大学　刘同学

"青年如初春，如朝日，如百卉之萌动，如利刃新发于硎，人生最宝贵之时期也。"我时常从陈独秀先生的这句话中汲取前行的力量。作为一名工科生，也许几年前的我无法想象未来的自己会成为一名家乡的选调生。曾经的我也想过像互联网创业先锋一样飞翔在时代的风口，也曾想过继续读博深造，用专业知识报效祖国，直到偶然的机会收到了某机关单位（下文简称"单位"）的实习橄榄枝。

刚到单位时，我参与了乡村振兴办公室的部分统筹工作。当那些曾经在书本上无数次圈画并背诵过的概念真正落到实际生活中时，我发现它们竟在一瞬间变得无比陌生。从理论到实践的转换，具体方案的细化出台，这些未曾接触过的领域更是让我感觉到了巨大的压力。当太多的未知席卷而来时，我不禁激起了一丝对自己的怀疑：我是否真的适合这项工作，又是否真的可以完成这项工作？在多次冷静分析后，我发现问题的根源也许是因为我存在一种畏难情绪。

"坐在办公室碰到的都是问题，深入基层看到的全是办法。"于是，我翻开《中华人民共和国民法典释义》，学习其中关于乡村振兴的相关知识，同时积极参与基层调研活动，贴近实际多听、多看、多问。在走街串巷的过程中，我逐渐熟悉了村民之间约定俗成的行事习惯和说话风格，真正成了村民们的朋友，也更理解了"基层的真实面貌只有当你真正地住在这里，吃这里的菜，喝这里的水，和这里的人交朋友之后才能从内心深处有客观的了解"。当我真正帮助村民解决实际问题时，哪怕只是一个小小的点，都会有一种自豪感。褪去"书生气"，染上"泥土香"。那些夹杂着村民欢笑及泥土清香的日子，成了我永远无法忘怀的美丽时光。

也是从那一刻开始，我更加坚定了要成为一名扎根基层、努力践行为人民服务的人。于是，我调整求职方向，开始专心研读与选调相关的内容。也很感谢学校，让我可以报名家乡的定向选调考试。按照往年经验，考试时间大多与省考同步（第二年的3月左右考试），但突如其来的提前四个月的通知浇灭了我悠哉游哉的备考节奏。我一边要准备与毕业相关的内容，一边要提高复习强度。为了保险起见，我还要参加一些科研院所的校招会，时间有一定的折损。但是，村民们质朴的笑容及解决问题后的自豪感成了我"早七晚十二"工作的动力。起初是网课结合专项做题，后来逐渐综合并控制答题时间。从行测到申论，从学习基础技巧到提高答题速度，从专项练习到实际模拟，我不断地总结提炼适合自己的复习内容。待到真题部分时，我一般采取上午做行测、下午做申论、晚上进行复盘总结的形式来完成一天的备考生活。也许是因为在读本科和硕士期间都有一些学生工作，面试上主要在考前一个月时进行网课学习，在了解大概内容后，我接受了线上一对一的面试培训。整体面试对我而言，不紧张就不会太成问题。

在考前，我先报名了几个省的选调考试，意图在于锻炼自己的考试心态及应对突发情况的方法。很快，家乡的选调考试如期而至，考试时长为一天，其中笔试为申论、公共基础知识合卷形式，面试基本为日常考题内容。随之而来的是几个月的漫长等待。在这个过程中，我也曾无数次彷徨不安，害怕一旦落榜，错失了其他工作机会。直到录取单位的面试突如其来，许久没有面试的我也稍显紧张。但是，面试官们平和的语调让我逐渐冷静下来，真诚地回答每个问题，努力让自己表现得更好。也是感谢组织的信任，很快我便定好了岗位，并参与了部分实习工作。在这个过程中，我锻炼了社交沟通能力，培养了沉稳的性格与平和的心态，踏实地做好每一件小事，耐得住寂寞并不断学习观察，逐渐积累处理复杂问题的智慧。我一直提醒自己保持学习和思考的习惯，希望自己在多年之后既有丰富的知识和经验，也有敏锐的感知和行动的勇气，让更多人的生活因我而更好。

入职之初，我为自己定了一个目标：在家乡的黑土地上，做新时代家乡振兴新局面的践行者，尽职责于岗位，献青春于事业，执着勤勉，务实肯干。现在的我经常跟朋友开玩笑说，以前是埋头画模型做实验仿真，现在是抬头看国内外行业动态、相关发展，视野变得更宏观了。我很喜欢这个身份的改变，选调生的工作让我有机会以另一种适合自己的方式把论文写在祖国的大地上。

不是科班出身也可以航空报国

燕山大学　侯同学

在研究生二年级时，我有幸通过单位的夏令营顺利拿到了2024 年提前批的录用通知。下面我向大家介绍自己的求职心路历程。

历经风雨，坚定热爱。寒窗苦读十余载，毕业时我们每个人都希望寻找一份满意的工作，给自己的求学生涯画上完美的句号。在这个过程中，我们需要认清自我，精准定位，静下心来独立思考，问自己的内心热爱什么、有哪些优缺点、如何体现自身优势……不要人云亦云，适合他人的未必适合自己；也不要盲目从众，他人的意见需要聆听，但更需要我们有明确的目标和坚定的选择，只有这样才会在历经风雨后仍能够鼓起勇气继续前行。

莫道君行早，更有早行人。我们常说"机会是留给有准备的人，"求职过程中更需要我们提前谋划、科学布局，而不是走一步、看一步，无从下手。大多数同学是在毕业那年才开始规划找工作，由于准备时间短，导致对自己没有清晰的认识，以至于在众多企业及岗位中失了阵脚。

我是一个以结果为导向的人，以此倒推我要达到目标就应该怎么做。我时常会想：如果我是 HR，我愿意招聘怎样的学生？招聘的学生应该具备怎样的素质及技能？为了增加自己求职时的优势，除了刻苦学习以外，我会利用课外时间参加各种企业的宣讲会，了解每家企业的招聘需求及主营业务，通过了解他们对应聘者的要求来映射自己是否具备。我也会参加学校组织的就业指导讲座、职业规划课程并做一些性格测试等，以便对自己有更加清晰的认识。正所谓知己知彼，才能找寻努力的方向。我也会参加学校组织的各种比赛，以此提高自己的专业技能。寒暑假时，我会去想去的城市看一看。常言道，"耳听为虚，眼见为实"，只有当你身临其境时，你才能感受到这个城市是否适合你。可能这样的大学生活比较累，但是付出总会有回报，我连续三年综合测评获得专业第一，本科毕业时通过了三家心仪单位的面试。

步入研究生阶段，我更加注重科研与专业相关领域的竞赛，会走出学校，拥抱社会，到相关企业、相关领域实习，由理论输入向工程应用进行转化，使自己更好地适应现代企业对高素质、高质量人才的需求，而不是长时间地待在象牙塔里。只有亲身经历过后，我才会对这个行业有更加清晰的认识。

结合自身案例，我从地理位置、行业规模、成长空间、发展平台等方面分享自己的愚见，与君共勉。

（1）地理位置、行业规模

得益于母校的兵工精神及家国情怀，再加上自己对国防军工有着浓厚的兴趣，所以我在求职时义无反顾地选择了军工行业。在这个过程中，地理位置是给行业让路的。因此，大家在求职时要考虑清楚自己更看重地理位置，还是更看重行业，或两者兼得。同时，大家在选择地域时尽可能考虑一下家庭，征求父母的意见，尽量不要离父母太远。

（2）成长空间、发展平台

在确定行业以后，结合自己所学专业及学校定位，我最终选择了航空工业新航（新乡）、陕飞（汉中）、泰安航天特种车有限公司（泰安）、嘉陵特装（重庆）、5718（桂林）等几个单位。其中，泰安航天特种车有限公司、嘉陵特装是做车辆的，符合自己的本科专业装甲车辆工程（轮式），并且提供的发展平台也很好，都是研发岗位。但是，在实地参观过后，我觉得泰安航天特种车有限公司不太符合自己的职业生涯规划，自己也不太适应重庆那边的环境，所以将两者去掉；5718在广西桂林，由于距离家里有点远，且自己父母年事已高，所以也被排除。最后只剩新航和陕飞。如果去新航，我可以做研发工作，且离家非常近；如果去陕飞，由于不是航空类专业出身，我相比科班出身的同学没有优势。综合考虑，我最终选择了新航。因此，大家在求职时要综合考虑个人的成长空间、企业提供的发展平台，这样才能找到合适的企业及岗位。

薪酬福利应该是每一位求职者格外关注的条件。然而，我觉得理想与现实还是要兼顾的。我相信当你在这个行业及企业拥有精湛的技术时，薪酬福利自然不会差；但当你一心想着追求所谓的名和利，而不提高自己时，这种做法显然是不道德的，也是大家唾弃的。

新时代的青年恰逢其时，我还是希望大家求职就业时可以聚焦国家的重大战略需求，服务国家建设。

文科生也可以在军工央企中发光发热

北京师范大学　李同学

我在读本科时就将升学读研作为自己的目标，一直觉得北京师范大学学风醇厚、踏实，适合沉心于学术研究。而且，我一度纠结是要继续读博深造，还是就业。面对这两条路，我的做法是先都打好基础。因此，从研一开始，我就认真学习专业课程，踏实做好基础阅读，并积极联系导师申报课题，把握做学术研究的机会；同时利用寒暑假找校外实习，寻找自己的职业目标。我曾有过"如果希望事事成全，是不是事事都难成"的困扰，于是给自己设定了纠结的期限是截至研二下学期，到时候就该选择好未来的目标并有针对性地做准备了。在一次次实习的过程中，我逐渐发现自己享受完成一个个工作任务的瞬间，属于更追求效率的性格，而学术研究是一个无限追求真理的过程，于是我在研二时明确决定走上求职的道路。

我的职业选择过程伴随着无数个自我怀疑与内耗，也是认识自己的过程。我有过无数个怀疑自己的瞬间，为什么有些人的目标从一开始就很明确，然后在求职路上稳扎稳打，做好一步步的准备，而我就好像在很多条路上都迈了一步，才明确自己想要在哪条路走下去时，早已浪费了很多时间和资源。

迷茫时，我会看微博、豆瓣。我发现，除了自己，还有大量学生在按部就班地完成学校任务时不清楚自己想以什么身份面对未来的人生。好在北师大给了我们这些迷茫的同学很多资源，我很早就开始求助于学校心理健康咨询室的求职咨询服务。最开始时，我对自己理想职业的设想是能够运用到自己所有的技能——人力、媒体、金融、英语，但发现自己在哪个技能上也没有做到足够精通，于是开始怀疑自己难以胜任理想的工作。

我带着这个疑问去咨询老师。老师告诉我：第一份工作不是你的终点，它不需要那么完美，但它是让你认识这个社会、认识你自己的渠道；不必纠结于有没有浪费自己的技能，只要是你有的技能，总有机会能用到；你在求职中最应该看重的是你想要这个工作带给你什么，工资、户口、个人发展？还是你拥有什么能力？不要给工作过于理想化的设定，用匹配的方式寻找自己的职业或许更有效率。我明白了与其无休止地加剧自我怀疑与内耗，不如好好地认识自己，抓住已有的机会，多尝试，在实践中寻找自我。

根据自己以往的实习经历，我开始定位自己的职业方向是人力资源管理。由于互联网公司的实习机会较多，其追求效率的风格能够让我们迅速掌握技能、锻炼能力，且在人力资源管理岗位中专业细分程度较高，因此我开始寻找互联网公司的人力资源管理岗位实习。我先后在实习中接触了招聘、培训、HRBP（Human Resource Business Partner，人力资源业务合作伙伴）、HRCOE（Human Resource Center of Expertise，人力资源管理专家中心）等模块的工作，对人力资源管理岗位有了全面了解，并锻炼了自己快速适应新工作的能力。

我喜欢互联网公司的工作氛围与方式。但其极致的分工也让我发现，未来若想在互联网行业得到长远发展，我需要对自己、对行业有深度的了解，明确自己的职业通道是发展为纵深专家，还是成长为全能管理人才。我在实习中发现自己的互联网思维还不足，不确定自己是否适合在互联网行业发展。于是，我在研二下学期开始明确想要考公务员或进入央国企。我依然感谢在互联网公司实习的经历带给我的收获，它让我掌握专业技能、学会创新工作方法。

明确的目标是前进的开始。我一直认为自己的目标明确得太晚了，也确实如此，我在研二下学期才明确自己想要考公务员或进入央国企做人力资源管理。此时，我只有一个暑假的实习机会。在这个暑假，我通过了中国五矿的暑期实习项目和我校研究生骨干暑期实习项目。一直以来，公务员是我们学院学生的理想职业。为了明确自己是否适合做公务员，我放弃了去中国五矿实习的机会，选择进入北京市石景山区教委实习一个月。通过一个月的实习，我明确了自己想要加入公务员队伍的目标，于是在实习结束后就开始了公务员考试的复习。

我的公务员考试复习是从 2021 年 8 月开始的。虽然我最后的职业选择是央企职能，但公务员考试复习是我求职成功的坚实基础。因为从现实的角度来说，每次网申的笔试题目都与公考题型相似。更重要的是，我在复习的过程中求职心态也发生了很大变化。我在行测的训练中锻炼了自己的逻辑思维能力，并在安排做题顺序时学会取舍，使自己的答题时间使用效率最大化。虽然行测的每一道题目并不难，但是要在 2 小时内答完 100 多道题目，考验的不仅是做题的逻辑思维，还有使卷面得分最大化的整体思维。我无数次被一篇篇申论材料里基层干部的事迹鼓舞振奋：我看到心怀大我的人内心是那么充盈，我明白人生不止小我利益，明确的目标感、丰富的自足感更是人生的意义所在。对待每一个职业，认清自己的本职工作，做好自己的角色，贡献自己的力量，再将小我放在大环境中找到自己的意义，充分努力，实现工作意义的同时，自我成长便是顺其自然的事。

我从没想过，自己当时最享受周末的原因是能够潜心复习公务员考试，不用担心有没有笔试、面试通知。但那段时间复习公务员考试真的是我最放松的时候，其过程并不痛苦，痛苦的是在复习时还要准备大批的秋招求职。简历制作与反复修改，无数个网申，等待筛选，参加笔试、面试初试与复试……拿到录用通知前的关卡有很多，当时很容易陷入一种"同学们都通过了筛选，而我没有"的失意。我解决焦虑的办法只有和爸妈、朋友打电话，利用饭后消食的时间在操场走一走，打完电话后恢复平静，继续开始晚上的公务员考试复习。

恢复心情只是表面，只有真正解决问题才是现实的。我每次在没有通过网申时都会反思自己的简历有什么问题，并积极向认识的老师请教、参加就业讲座，针对不同的岗位修改自己的简历，对不重要的内容进行删减，丰富重要的经历。在没有收到录用通知时采取海投战术，多给自己寻找面试机会，最好的面试训练就是面试本身。我认为的面试经验中，最重要的是四个字——知己知彼。

▶ 知己

我一直认为对每个岗位都要重新梳理自己的经历，将自己的经历中与这个岗位最相关的一段放在自我介绍中，并分析目标公司与岗位最看重的能力，尽力在面试中有所展示，也许会让"人岗匹配"来得更快一些。

▶ 知彼

在每次面试前，我会积极搜集信息，包括公司官网、公众号，以及最近的新闻、网上的经验贴等。要想在面试中展示自己对这个岗位的兴趣，我们就要表现出自己曾经做了很多功课。也许你的了解不准确、不全面，它也一定不是完全准确与全面的，但"努力了解"本身就是面试官看好的加分项。

最终，我签约到了中国船舶集团有限公司系统工程研究院。面试通过后，我就去单位实习，提前感受工作氛围。实习的过程让我更加确定自己希望在军工单位的人力资源管理领域纵深发展。回忆起来，我的秋招并不算顺利，自己也是在求职中摸索着前进，所以我没有在"厚积"篇之后安排"薄发"篇。最后，我只想说最理想的求职就是"合适"二字，不要焦虑，但也不要过分关注自己的情绪，最有效率的方式永远是解决问题、继续出发。

天正蓝，风正轻，我们才刚刚开始！

安全工程专业的职业探索——从飞机调度员到律师

中南大学 宋同学

近年来，随着社会的不断进步和职业选择的多样化，越来越多的人开始重新审视自己的职业发展，我也是其中之一。经历过从安全工程专业的本科生到飞机调度员、再到律师的转变，我深刻体会到了职业探索的重要性和挑战。在这里，我将与大家分享自己的职业探索经验，希望能对正在寻找职业方向的同学们有所启发。

我本科毕业于中南大学安全工程专业。对于这个专业，我曾经充满了激情和兴趣。毕业后，我加入了一家航空公司，从事飞机调度工作。刚开始时，我对这个工作充满了期待。但随着时间的推移，我逐渐发现这个工作单调乏味、发展前景受限，因此开始对职业感到焦虑。

面对职业焦虑，我意识到自己需要做出一些改变，便开始仔细思考自己的兴趣和优势，并寻找与之匹配的职业方向。在调查和咨询的过程中，法律行业引起了我的注意。作为一个热爱思考和解决问题的人，我发现律师这个职业与自己的性格非常契合。

为了实现转行的目标，我决定备战法律职业资格考试（简称"法考"）。这是一项充满挑战的任务，需要全面地准备和学习。我购买了各种相关的考试资料，参加了培训班，并利用业余时间进行系统的复习。在备考过程中，我面临着巨大的压力和困难，但我坚持下来，并且在最后的考试中取得了令人满意的成绩。顺利通过法考后，我又不懈地努力，成功找到了一家知名律师事务所的实习机会。在实习期间，我通过参与各种案件和项目，积累了宝贵的实践经验，并且获得了导师和同事们的认可。在实习结束后，我很幸运地正式成为该事务所的一名律师。

现在，我可以自豪地说自己拥有了一个光明的职业未来。作为一名律师，我每天都需要运用自己的知识和技能解决各种复杂的法律问题。这个工作既充满了挑战，又有成就感，我深深地享受其中。我喜欢能够为客户提供法律咨询和帮助他们解决问题的机会。每一次成功的辩护都给我带来巨大的满足感，这也使我更加坚定了自己选择的正确性。

在这个职业探索的过程中，我获得了很多宝贵的经验和教训。首先，职业选择是一个需要认真思考和策划的过程。我们需要了解自己的兴趣、优势和目标，并寻找与之匹配的职业方向。其次，转行需要勇气和决心。不论是备战法考，还是寻找实习机会，都需要付出大量的努力和时间，我们必须保持毅力并坚持下去。最后，积累实践经验是职业发展中至关重要的一环。通过实习和工作中的经验积累，我们能够不断提升自己的能力和素质，为未来的职业发展奠定坚实的基础。

总体而言，职业探索是一个既有挑战又有收获的过程。通过认真思考和努力追求，我们能够找到与自己兴趣和能力匹配的职业方向，并为之努力奋斗。在我个人的经历中，从安全工程到律师岗位的转变让我找到了真正适合自己的职业，并且为我带来了满足感和成就感。我相信，只要保持积极的态度和不断探索的精神，我们都能够找到属于自己的职业方向。

持续追梦，本科毕业进入美团核心岗位

电子科技大学　朱同学

如今，越来越多的高校毕业生争相投身于互联网行业。作为一名 2021 年毕业的"985"大学本科毕业生，通过 2020 年暑假在美团实习，我最终成功转正进入了美团这家知名互联网公司，并获得了一份理想的工作。在求职过程中，我深刻认识到规划对于个人的发展至关重要。今天，我将分享自己的求职经验，强调规划的重要性及自己在进入美团之前所做的努力。

（1）规划职业目标

和很多大学生一样，我也是在大一时才开始接触编程。老实说，刚开始接触编程时，我是极其痛苦的，无论是课外还是课内都有很多新知识要学，还需要有耐心坐在电脑前一点点敲着代码。这个过程中有无尽的问题疯狂折磨着我，我想过放弃，

但最终还是一直坚持着。不是说我很热爱代码，而是说我不想遇到困难就轻言放弃。当你学习很痛苦时，恰恰是在疯狂进步，要学会享受这种痛苦。经过我的坚持，在大一结束那个暑假，我就单独开发了一套报名系统，致力于服务本学院学生会及一些工作室招新工作，最终收获了同学和老师的一致好评。也就是那个时候，我深刻意识到代码带来的意义，无论是诱人的行业薪资、良好的发展前景，还是"code change world"（代码改变世界）的美好信念，都让我更加坚定地选择了程序员这条路。在之后大二、大三的学习中，我花时间反思自己的兴趣、优势和职业愿景，确定自己本科毕业后在互联网行业发展的方向。这个目标使我能够更有针对性地进行求职准备。

（2）扩大职业网络

除了明确职业目标，建立广泛而有价值的职业网络也是非常重要的。我积极参加各种行业相关的线上和线下活动，寻找机会与行业专业人士建立联系。我还利用牛客、实习僧等在线职业平台创建了个人主页，并定期更新个人资料。通过扩大职业网络，我不仅能够获取宝贵的职业建议和信息，还有机会了解最新的行业动态和趋势。

（3）提升技能和知识水平

为了在竞争激烈的求职市场中脱颖而出，积累丰富的实践经验和提升自身能力是必不可少的。作为一名本科生，只学习课本上的知识还远远不够。我平时除了尽可能多地积累项目经验以提升编程能力，还要积极刷力扣（LeetCode）保持灵活的编程思维；在"金三银四"求职月，我积极寻找与自己的专业相关的实习和兼职机会，以将学术理论转化为实际操作能力。同时，我也参加了一些行业相关的培训课程和工作坊，进一步提升自己的技能和知识水平。这些实践经验和专业知识的积累，让我在求职过程中更具竞争力，也为未来的职业发展奠定了坚实的基础。

（4）了解目标公司

在申请美团之前，我花时间详细了解了该公司的使命、愿景和价值观。我阅读了关于美团的新闻报道和行业分析，了解他们提供的各种产品和服务。这帮助我深入了解了公司的文化和战略方向，并为面试做好充分的准备。

（5）面试准备

面试是求职过程中至关重要的一步。我在这方面下了很大的功夫，我从掘金 App 中仔细研究了常见的面试问题，梳理了自己曾经在大学期间做过的优秀项目，并利用牛客进行模拟面试，以便在真实情境下提升自己的表现能力。此外，我还准备了一份精心编写的个人陈述，并在面试中充分展示自身能力及强调与美团的共同价值观和目标。

总之，规划是求职的重中之重，高校毕业生只有将以上工作融入日常学习和生活中，才能在就业季获得自己心仪企业的录用通知。

于迷茫中拨云，于找寻中见日

北京航空航天大学　王同学

读者朋友们，大家好！我是北京某军贸央企的一名项目经理。回顾自己的求职经历，我认为是在迷茫中找寻，在试错中成长，在反思中总结，最终坚定决心选择自己未来的旅程。

在四年本科学习生涯中，由于是定向培养，我对学习比较疏懒。"知道自己一定会有工作"这一点成了我退步的借口和前进路上的"毒药"。我在这四年中没有参加过任何社团，没有做过任何学生工作，也没有参加过任何类型的实习。这造成了我和社会有很大的脱节，意识上欠缺进入职场的准备，很难突然完成向职场人的转变。

在我大四时，我突然得到通知：我们可以自由择业。突然之间，我看似有了更多的选择，但是我的简历上除了本科学历没有什么可写的。我也不明白"更多的选择"到底是哪些选择，迷茫、无助、内耗、怀疑的感觉一次次侵袭我。在这种被动的局面下，我选择考研，再给自己三年思考和探索的时间。这不仅让我有机会提升学历，还让我有时间重新体验学校生活，充实自己的简历。不论是从学生工作层面、科研层面，还是实习层面，我都需要塑造一个新的自己。

顺利的是经过三四个月的准备，我通过了研究生入学考试，成为本科学校的一名研究生。"985"学校本硕的身份在就业市场上还是比较受欢迎的，只是那时的我还未能意识到这一点。在研一的学习之余，我只是参加了研究生会，并且在互联网公司从事一些运营和产品相关的实习工作。令我感到意外，也必然会到来的事情就在我实习一个学期之后发生了：互联网行业招聘规模整体紧缩。

由于我当时已经意识到自己既不想读博，也不太想从事和科研紧密相关的工作，我决定尝试一些通用性（不挑专业，只看人）的岗位。在暑期实习面试中，面对华为客户经理和美团营销岗位的机会，我选择了华为。经历一个月的实习后，我既充满了对华为这家电信巨头的向往，又充满了对自身的质疑。这时，我陷入了迷茫。但是，简单的二分法总是有效，即我到底是想去私企，还是央企。我内心的答案是全都要，然后做选择。于是，我把金融作为自己的下一个选项，并且在里面找到了自认为对理工科需求强烈的岗位作为尝试。在证券公司经历几个月的远程无薪资实习后，我开始了暑期实习投递。可以说，暑期实习是秋招的预演。在做了一些针对性准备后，我觉得既然要做就要找个大平台，所以投递的都是头部平台。我的运气很好，向"三中一华"①投简历，中了一半。但是，金融的背景需求性和资源需求性又让我在自身匹配中给自己打了低分。第

————————

① "三中一华"是指中金公司、中信证券、中信建投证券及华泰证券四家证券公司。

二年的暑假就此过去，此时已经来到秋招环节，那么答案很简单了，我要去央企。但是，由于我不太想从事和科研紧密相关的工作，以及我此时已经积累了从研究生会干事到主席的学生工作经历，在他人的推荐下，我决定尝试军贸岗位。一是对专业有需求，但需求有限；二是满足央企的所有特征；三是我个人认为这个工作对我有一些吸引力。了解了对语言的要求后，我对自己的口语进行了强化，最终比较顺利的是几家大军贸企业都给我伸出了橄榄枝。

我认为我的求职之路便是迷茫的开始、愣头青一样随波逐流的尝试、勇敢地选择、付出努力、进行自身评估，并最终走向命运式的选择。希望我的经历可以对大家有那么一点借鉴意义，也希望各位求职顺利。

来自内蒙古的新北京人

华北电力大学　侯同学

我是来自内蒙古某四线小城市的一名普通学生。说普通，是因为我连"小镇做题家"也算不上，顶多算默默努力但天资一般的普通人。

从小学到高中，我一直处于班级排名中等偏上的水平，天性爱自由，不喜欢被束缚，但好在能一定程度地自律，对待学习态度认真，不怕吃苦，踏实肯干，努力考个好大学一直是我心里的第一要务。高中阶段，我徘徊在班级的 10 ~ 25 名，只有一次跃升至班级第 4 名。当时我被老师和同学称为一匹黑马，但后来又逐渐退步了。我爸一直觉得我只能上普通的一类本科，早已对我降低了期待。不过，人生确实充满了起伏，可能是我伏得太久，高考时却超常发挥，成绩在班里排到第 2 名，考上了北京的一所"211"院校，并且是比较热门的专业。就这样，我怀着人生中前所未有的自信和满足感进入了大学。

进入大学的第一年，我只有一个目标——转专业。虽然报考的专业热门，但这个专业在学校的实力并不突出。最好的专业学科评级高，师资力量强，毕业后对口某大型国企就业。大家都挤破头想进入这个"好专业"，我当然也想。然而，我很快便感受到转专业的竞争有多激烈。来到这个弱势专业的人几乎都想着转到"好专业"，班里大家表面不说，实则暗流涌动，心里都是"同一个世界，同一个梦想"。但辛苦努力了一年，大一结束，我并没能如愿转到那个"好专业"。同时，我也感受到了身边优秀同学的降维打击。加上其他种种不顺，我陷入了深深的自卑和焦虑中。就这样，我按部就班地继续自己的大学生活。

来到大三下学期，随着就业压力的增加和求职人数的暴涨，用"硕士本科化，博士硕士化"形容北京这类超一线城市的学历竞争并不夸张，考研变得越来越热。在父母的期望和自我的美好想象中，我也加入了"考研大军"。考研确实不是一件易事，智慧、努力、心态、选择都在经受着考验，我就被考验住了。复习小半年，苦吃了，泪留了，自己倒是把自己感动了，但现实是我并没有考上。记得当时我爸问我"还考吗"，我摇着头说"不考了，不考了，太煎熬，不想再来一次了"。他没说话，但我知道他希望我能再战，不过也不想给我压力。我们一家人合计着那就先找工作，别浪费了应届生的身份，我便开始在春招季求职。

第一次找工作的我才发现，原来找工作也是累活。忙活大半个月，我拿到了一个航天某院下属二级子公司的录用通知，岗位和我的专业对口，自己也能接受薪资待遇，心里才踏实了一些。但找工作最好还是要多一些选择，于是我在得知学校要组织春招双选会后便打印了简历，准备了自我介绍，等待双选会的到来。

上午9点，体育馆大门准时打开，学生们蜂拥而入，各家公司的展位前都挤满了人。这场面相当于把"就业压力"四个字摆在你眼前，紧张和焦虑隐匿在匆匆的脚步和颤抖的声音中。我手里的简历很快就投得所剩无几了，双选会也接近尾声。要离开时，我注意到会场最里面还有一家公司。走过去才发现，这家某大型央企下属三级单位的展示牌上赫然写着"本科落户"四个字，招聘人员表示只要通过面试、成功入职，就可以解决北京户口，而且仅要求学历为本科及以上。我的第一反应是以为自己听错了。和招聘人员反复确认后，我半信半疑地递交了简历，很快便接到了面试通知。

第一次面试由技术部门经理负责。在自我介绍后，经理便开始提技术问题。由于专业对口，我在他的提问面前虽然不是对答如流，但也都基本正确。几番问答过后，经理提出了最重要的问题：有没有相关的设计经验？由于读大三时，我在一个实习课上做过相关设计工作，认真仔细地完成了每一个步骤，并按要求撰写了设计报告，凭借这些经验，我滔滔不绝地向经理介绍自己的设计过程，并找出成品的照片给他看。经理点头表示满意，没过几天就进行了第二次面试。

第二次面试是副总负责。副总先肯定了我的学校和专业，然后详细介绍了技术部门在整个研发流程中的重要地位，并阐述了这个岗位的能力要求。面试的最后，副总抛给我一个技术部门过去遇到的难题，想听听我的处理方法。虽然我回答得驴唇不对马嘴，但因为不了解实际工作，副总表示情有可原。

紧接着到了最终的面试，人事经理给我介绍了薪资待遇及一些注意事项，流程化地完成了面试。后面是按要求来公司实习了半个月。其间，我对公司的业务内容和工作流程有了深入的了解，同时领导对我也进行了一定的考察。实习结束后没几天，我便收到了公司的录用通知。那一刻万千心绪涌上心头，算是给大学生活画上了圆满的句号。在毕业前的最后几天里，回想这一年的经历，我心中百感交集，对人生的坎坷磨难又有了新的领悟。塞翁失马，焉知非福，我算是悟到了其内涵。

　　回顾大学四年及求职的经历，我认为达成目标需要天赋、努力、经历和运气，四者缺一不可。

　　天赋就像开盲盒，高智商的父母不一定生出高智商的孩子，普通家庭也未必不会出现天才，其重要性和随机性无须赘述。我只想说天赋的高低不应该成为我们焦虑、抱怨的原因，多种可能性的尝试和不同方向的选择往往更具有决定性。

　　努力是成功的必要不充分条件，天资决定上限，努力决定下限。没有日复一日的寒窗苦读，我不会有高考超常发挥的可能。在大学里没有对专业知识的重视和认真对待，我不会把握住摆到眼前的机遇。除了其他不可控的因素，自律、勤奋、抗压是我们能把握住的关键点。我知道这很难，但与其焦虑，不如先从今天做起，用行动驱除焦虑。

　　我们一生会经历很多事，因果是非都会随着年龄的增长在身上反复实践。或许就是我那两周的实习课积攒的经验让部门经理在不录用与录用中选择了后者。所以，我希望你能切身参与生活中每一件有意义的事，这些经历都会以不同的权重影响你的抉择。

　　运气是一个让人可爱可恨的东西，有时好运会像定向选择一样落在你头上。例如，这个户口偏偏就给到了我，让我拥有了多少人花钱也买不来的东西。但不好的运气是人生的常态，爱情坎坷、创业失败、股票赔钱、工作不顺等才是生活的主旋律。不过就像我说的，塞翁失马，焉知非福，短暂的气愤、委屈、难过、急躁是正常的，但不要陷入痛苦的循环，继续走接下来的路就好。此外，看待问题的角度不同也会让事情的性质发生变化。考研失败确实给我造成了沉重打击，但复习考研的经历让我更加坚韧，更有能力在重压之下自我调节，这是我人生宝贵的财富。

解决完了身份的我再来解决学历，现在我已经成为北京某"211"学校的一名在读研究生。虽然前路依然迷茫未知，但我已比从前的自己更加脚踏实地、着眼当下。对于应届生求职，我不想讨论社团工作、绩点排名、积极发展、留学保研，我只希望用自己的切身体会分享一个过来人最深刻、最真切的感悟。

最后，无论市场起伏，希望你能保持不断变强；无论环境优劣，希望你能保持目标坚定；无论风雨彩虹，希望你能保持热爱生活。